대학생의

명심보감

-평생학습시대의 성인친화형 인성교육-

김윤섭 · 장재천 편저

도서출판 원 미 사

머리말

수십 년 전부터 대학생들에게도 명심보감을 가르쳐야 한다는 말들이 여기저기서 많이 나타났다. 세태가 너무 각박해지고 물질주의로 흐르다 보니 인성교육이 많이 소홀해진 이유에서일 것이다. 이제는 대학생들도 책을 잘 읽지 아니하고 쉽고 간편한 것들만 찾는 행태가 대세가 되어 디지털세대인 이들에게는 어렵고 힘든 것들을 기피하는 일들이 당연시 되었다. 그러다보니 도덕적인 품성이나 인격적인 교양을 함양한다는 것은 어느새 구시대적인 유물처럼 되어 버렸다.

우리사회가 그동안의 급속한 경제성장을 통해서 얻은 것은 무엇이고 잃은 것은 무엇인지 깊이 성찰해서 이제라도 방향을 바로 정해 바람직한 인간세상을 건설해 나가야 하겠다. 아무리 잘사는 세상이 되었다한들 이웃을 믿을 수가 없고 위아래도 없으며 무한이기주의로 나아간다면 차라리 경제적으로 어렵다 하더라도 인심 좋은 사람다운 세상에서 사는 것이 훨씬 낫지 않겠는가?

한편 대학들은 취업에 목을 매고 이런 것들을 평가지표로 삼아 좋은 대학이니 나쁜 대학이니 하며 무한경쟁에 내몰리다보니 컴퓨터교육과 영어회화교육 및 기타 취업에 필요한 과목들을 중심으로 교양과정을 만들어버려 인성교육은 소홀히 하게 되었던 것이다. 그런데 오히려 기업에서는 쓸 만한 인재들을 대학에서 길러내지 않는다고 불평을 해댄다. 말하자면 인성을 갖춘 인재들이 아니라는 것이다. 이와 같은 사회적 요청을 헤아려 볼 때 근년에 와서 대학들이 정신을 차려 인성교육의 중요성을 새삼 깨달아 이에 필요한 교육연수 프로그램을 개설·운영하고 있는 것은 크게 바람직한 일이라 아니할 수 없다.

이제 어떻게 하면 인성과 교양 및 도덕적인 품성을 갖춘 인재들을 길러내야 할 것인지를 고민해야만 한다. 그리하여 편자들은 고교를 마치고 진학해 온 사람들은 물론 백세 시대를 대비하여 대학의 평생학습과정에 진학해 온 모든 일반 성인학습자들을 대상으로 「대학생의 명심보감 -평생학습시대의 성인친화형 인성교육」이라는 제목으로 이 책을 만들어 교양서로 삼아 대학의 학습자들을 교육해야 되겠다는데 공감하였다.

한문세대가 아닌 학생들은 물론 성인 학습자들에게 어떻게 하면 읽기 쉽고 불편이 없게 다가갈 수 있을까 하여 일일이 한자에 토를 달고 또 필요한 주석을 달고 풀이하여 어렵지 않게 하려고 애를 썼다. 그러나 기본 한자를 어느 정도 알고 있지 아니하면 그마저도 쉽지 않을 것이라고 생각된다. 그래서 보다 학습 성과를 높이는 데에 도움이 되리라 판단하여 기본한자 600자를 부록으로 첨부하였다.

이러한 편자들의 땀과 정성 덕분에 이 책이 각 대학의 교양과정과 평생교육원 성인학습과정에서 널리 가르쳐지고 배우는 학습자들이 많아져 인문학적 소양과 함께 삶의 지혜와 품격이 갖추어진다면 더할 나위 없는 보람일 것이다. 명심보감만큼 풍부한 지혜를 갖게 하며 인격함양에 도움이 되는 인성교재는 결코 흔치 않기 때문이다.

바라건대, 명심보감에 담긴 귀한 말씀들을 한 문장 한 문장 찬찬히 공부하면서 삶의 궤적을 되돌아보고 지금 이 시점에서 해야 할 소망스런 바를 찾아내는 지혜와 내일을 향한 통찰을 기약할 수 있었으면 한다.

여러 가지로 미진한 것들은 순전히 편자들의 능력부족이므로 강호제현의 양해를 바라마지 않는다. 끝으로 이 책의 간행을 받아 주신 박준식 사장님과 편집진들의 노고에 감사를 표한다.

2014년 2월 15일

편저자 일동

목 차

해 설

원래 『명심보감』은 아동들의 유교학습을 위하여 중국 고전에서 선현들의 금언(金言)·명구(名句)들을 뽑아 편집한 책이며, 2권 1책으로 되어 있다. 주로 유교적 교양과 심성(心性)교육, 인생관 등에 관련된 내용들이며 여러 판본들이 전한다. 원본은 1393년 명(明)나라의 범립본(范立本)이 편찬한 것으로 우리나라에서는 1454년(단종 2년) 청주에서 처음 간행되었다.

그러나 원본보다는 이를 초록(抄錄)한 초략본(抄略本)이 널리 유포되었고, 이것이 원본으로 간주되어 고려 충렬왕 때 예문관제학(藝文館提學)을 지낸 추적(秋適)이 편찬한 것이라고 와전되었다. 지금 남아 있는 가장 오래된 초략본은 1637년(인조 15년)의 것이다. 원본은 상·하권 20편 798조인데, 초략본은 19편 247조로 구성되어 있다.

초략본의 체재는 착한 일을 한 사람에게는 복이 오고 악한 사람에게는 재앙이 내리니 끊임없이 선행을 계속해야 한다는 계선편(繼善篇) 11조, 하늘의 뜻에 따라 살아야 한다는 천명편(天命篇) 7조, 하늘로부터 주어진 천명에 따르라는 순명편(順命篇) 5조,

어버이에게 효도하라는 효행편(孝行篇) 5조, 자기 자신을 올바로 세우는데 도움이 되는 글들을 모은 정기편(正己篇) 26조, 주어진 분수를 지켜 지금의 생활에 만족하라는 안분편(安分篇) 5조,

자신에게는 엄격하고 남에게는 관대하게 대하라는 존심편(存心篇) 21조, 본성을 지키는 방법으로서 참음을 강조하고 인정을 베풀라는 계성편(戒性篇) 9조, 학문에 부지런히 힘쓰라는 근학편(勤學篇) 8조,

자녀교육의 중요성을 강조하고 교육에 도움이 되는 글을 모은 훈자편(訓子篇) 10조, 자신의 마음을 살피기 위해 자아성찰에 도움이 되는 글을 모은 성심편(省心篇) 85조, 유교사회의 기본윤리인 삼강오륜을 비롯한 실천 윤리

를 가르친 입교편(立教篇) 10조,

정치의 요체가 애민(愛民)에 있음을 강조한 치정편(治政篇) 8조, 집안을 다스리는 데 도움이 되는 말을 모은 치가편(治家篇) 8조, 부자·부부·형제의 관계를 인륜의 바탕으로 강조한 안의편(安義篇) 3조,

예절이 모든 사회관계의 근본이라는 준례편(遵禮篇) 6조, 말을 삼가라고 가르치는 언어편(言語篇) 7조, 좋은 벗을 사귀라는 교우편(交友篇) 8조, 부녀자의 수양을 가르친 부행편(婦行篇) 5조로 되어 있다.

이외에 판본에 따라서는 인과응보에 대한 가르침을 모은 증보편(增補篇), 효도에 대한 가르침을 노래로 지은 팔반가(八反歌), 우리나라의 효자들의 실화를 예로 든 속효행편(續孝行篇), 우리나라 사람을 예로 들어 청렴과 의리를 강조한 염의편(廉義篇), 세월의 빠름을 강조하면서 힘써 배우기를 권하는 권학편(勸學篇) 등이 붙어 있기도 하다.

『명심보감』에 자주 등장하는 인물들은 공자(孔子)·강태공(姜太公)·장자(莊子)·소강절(邵康節)·순자(荀子)·마원(馬援)·사마온공(司馬溫公 : 司馬光)·정명도(程明道)·소동파(蘇東坡)·주문공(朱文公) 등이다.

그리고 많이 인용한 책들은 『경행록(景行錄)』·『공자가어(孔子家語)』·『격양시(擊壤詩)』·『성리서(性理書)』·『예기(禮記)』·『역경(易經)』·『시경(詩經)』 등이다.

『명심보감』은 여러 글에서 뽑아 엮은 책이므로 문장의 특성은 없으나, 다른 수신(修身) 서적들이 주로 유가(儒家) 중심인 데 비하여 도가(道家) 관계의 책들이 비교적 많이 인용되고 있다. 그리고 유가 가운데에는 공자의 말은 많이 인용되지만 맹자의 말은 거의 인용되지 않았고, 주희(朱熹)를 비롯한 송대 성리학자의 글들이 많이 인용되고 있다.

『명심보감』은 조선시대에 가장 널리 읽힌 책의 하나로 『동몽선습』과 함께 『천자문』을 익힌 아동들의 한문교습서로 사용되었다. 조선시대의 유교적 사유방법을 이해하는 데 매우 중요한 책이다. 국립중앙도서관·규장각 등에 소장되어 있다.

1. 繼善篇(계선편)

권선징악(勸善懲惡)에 관한 글귀들이 수록되어 있다.

1.

子曰(자왈) 爲善者(위선자)는 天報之以福(천보지이복)하고 爲不善者(위불선자)는 天報之(천보지)以禍(이화)니라

子曰	공자가 말씀하시기를,
爲善者는	"착한 일을 하는 사람에게는
天報之以福하고	하늘이 복으로써 보답하고
爲不善者는	악한 일을 하는 사람에게는
天報之以禍니라	하늘이 재앙으로써 갚느니라."

* 子(자, B.C. 551~B.C. 479) : '子'는 본래 남자의 미칭이나 존경할만한 스승에게 붙이며, 유교경전 곳곳에서의 자는 공자를 지칭한다. 공자는 주나라 영왕 21년 10월 21일 노나라 창평향 추읍, 지금의 산동성 곡부현에서 탄생하였다. 이 날을 음력으로 환산하면 8월 27일이고, 양력으로 환산하면 9월 28일이 된다. 향교에서는 음력 8월 27일에는 석전(釋奠-제사)을 올린다. 이름은 구(丘), 자(字)는 중니(仲尼)다. 아버지는 흘(紇), 자(字)는 숙량(叔梁)이

고, 어머니는 안징재(顔徵在)다. 노나라 사구(司寇-법무부 장관)벼슬 하다가 사직, 여러 나라를 돌아다니며 도를 행하려 했으나, 쓰이질 않아 모국인 노나라로 돌아와서 시·서·예·악·역·춘추 등 육경을 산술하였으며, 그의 언행록에는 제자들이 만든 『논어』가 있다.

▷ 爲 : ~을 하다, ~을 행하다. ▷ ~者 : ~을 하는 사람, ~을 하는 것.
▷ 報 : 갚을 보. ▷ 之 : ~의, ~에 가다.

2.

한소열 장종 칙후주왈 물이선소이불위 물
漢昭烈이 將終에 勅後主曰 勿以善小而不爲하고 勿
이악소이위지
以惡小而爲之하라

漢昭烈이	한소열(촉나라 유비를 말함)이
將終에	임종할 때에
勅後主曰	후주(유비 아들 유선 : 劉禪)에게 조칙을 내려 말하기를
勿以善小而不爲하고	"선이 작다고 해서 그렇다고 이를 아니하지 말며
勿以惡小而爲之하라	악이 작다고 해서 그렇다고 이를 행하지 말라."

* 漢(한) : '漢'은 중국 고대의 나라 이름이다. B.C. 202년 한고조가 장안, 지금의 섬서에서 왕으로 즉위하여 유자영이 폐한 서기 8년까지 210년 동안 전한·서한이라 하고, 광무제가 하남의 낙양에서 즉위하여 한실을 부흥한 서기 25년부터 헌제가 폐한 때 곧 서기 221년까지 197년 동안 후한이라 한다. 昭烈(소열) : 성은 유(劉) 이름은 비(備)다. 자는 현덕(玄德), 촉(蜀)의 소열제(昭烈帝)다. 삼국지에 나오는 유비·관우·장비 3인 중에 맏형 유이니, 헌

제의 건안 13년 오의 손권과 협력하여 위의 조조를 치고 건안 19년에 성도에 들어가니 스스로 익주의 목이 되고, 동 24년에 한중을 빼앗고 자립하여 한중왕이라 칭하였다. 이어서 헌제를 폐하고 제위에 올랐다.

▷ 將 : 장차 장. ▷ 終 : 마칠 종. 죽음을 뜻함. ▷ 勅 : 조서 칙, 타이를 칙, 경계할 칙. *조서는 천자나 임금의 명령을 적은 문서. ▷ 후주는 유비의 아들 유선을 말한다. ▷ 勿 : 말 물 '~하지 말라'와 같이 금지를 나타내는 말. ▷ 以 : ~로써, ~하여서, ~하기 때문에. ▷ 而 : 말 이을 이. ~하고, ~하여, ~이어서, ~하나, ~하여도. ▷ 爲 : 할 위.

3.

莊子曰(장자왈) 一日不念善(일일불념선)이면 諸惡(제악)이 皆自起(개자기)니라

莊子曰	장자가 말하기를,
一日不念善이면	"하루라도 선을 생각하지 않으면
諸惡이 皆自起니라	여러 가지 악이 모두 저절로 일어나느니라."

* B.C. 4세기 춘추시대 송나라에서 활동한 중국 도가 초기의 가장 중요한 사상가. 본명은 장주(莊周). 호는 남화진인(南華眞人), 그가 쓴 『장자』는 도가의 시조인 노자가 쓴 것으로 알려진 『도덕경(道德經)』보다 더 분명하며 이해하기 쉽다. 장자의 사상은 중국불교의 발전에도 영향을 주었으며, 중국의 산수화와 시가(詩歌)에도 많은 영향을 미쳤다.

▷ 諸 : 모두 제, 여러 제. ▷ 皆 : 다 개.
▷ 自 : 스스로 자, 저절로 자, 자기 자.

4.

太公曰 見善如渴하고 聞惡如聾하라 又曰 善事란 須貪하고 惡事면 莫樂하라

太公曰　　태공이 말하기를,

見善如渴하고　　“착한 일을 보거든 목마른 때 물 보듯이 망설이지 말며

聞惡如聾하라　　악한 것을 듣거든 귀머거리같이 하라.”

又曰　　또 말하기를,

善事란 須貪하고　　“착한 일이면 모름지기 탐내야 하며

惡事면 莫樂하라　　악한 일이면 즐겨하지 말라.”

* 태공(太公) : 성은 강(姜), 여상(呂尙) 혹은 태공망(太公望)이라고도 하며 산동성 사람임. 주(周)나라의 무왕(武王)과 문왕(文王)을 섬김. 정치가이며, 병략가(兵略家)라 한다. 제(齊)나라의 시조가 되었다.

▷ 渴 : 목마를 갈. ▷ 聾 : 귀머거리 롱. ▷ 須 : 모름지기 수 ‘마땅히 ~해야 한다’는 뜻. ▷ 莫 : 없을 막, 말 막. ‘~하지 말라’(금지의 뜻).

5.

馬援曰 終身行善이라도 善猶不足이요 一日行惡이라도 惡自有餘니라

馬援이 曰	마원이 말하기를,
終身行善이라도	"죽을 때까지 선을 행하여도
善猶不足이요	선은 오히려 부족하고
一日行惡이라도	단 하루 동안 악을 행하여도
惡自有餘니라	악은 스스로 남음이 있느니라."

* 마원(馬援) : 후한(後漢)의 정치가. 처음에는 외효(隗囂)를 따르다가 광무제(光武帝)에게 사관(仕官)하여 후한의 건무중(建武中) 복파장군(伏波將軍)이 됨. 세상에서 마복파(馬伏波)라 일컬음. 오수전(五銖錢)의 주조(鑄造)를 실현했음. 자는 문연(文淵), 시호(諡號)는 충성(忠成). 무릉(武陵) 사람이다. 어려서부터 큰 뜻이 있었고, 벼슬은 도독우(都督郵), 빈객으로 귀부하는 사람이 많았다. 베트남과 흉노토벌에 공을 세웠다. 봉(封)은 신식후(神息侯), 뒤에 군(軍)에서 졸(사망)하였다.

▷ 終身 : 죽는다는 뜻.

▷ 猶 : 오히려 유, ~와 같을 유. '여전히, 또한, 아직도'.

6.

사마온공 왈 적금이유자손 미필자손 능
司馬溫公이 曰 積金以遺子孫이라도 未必子孫이 能

진수 적서이유자손 미필자손 능진독
盡守요 積書以遺子孫이라도 未必子孫이 能盡讀이니

불여적음덕어명명지중 이위자손지계야
不如積陰德於冥冥之中하여 以爲子孫之計也니라

司馬溫公이 曰,	사마온공이 말하기를,
積金以遺子孫이라도	"돈을 모아서 자손에게 남겨준다 하더라도
未必子孫이 能盡守요	자손이 반드시 다 지키지 못하고
積書以遺子孫이라도	책을 모아 자손에게 남겨 준다 하더라도
未必子孫이 能盡讀이니	자손이 반드시 능히 다 읽는다고 볼 수 없다
不如積陰德於冥冥之中하여	남모르는 가운데에 보이지 않게 덕을 쌓아서
以爲子孫之計也니라	자손을 위한 계획을 삼는 것만 같지 못하느니라."

* 사마온공(司馬溫公) : 송나라(北宋)의 명신으로 자는 군실(君實)이며 이름은 광(光), 태사온국공을 중지 받았으므로 사마온공이라 한다. 신종(神宗) 때 왕안석(王安石)의 신법을 반대하다가 실각하였고, 철종(哲宗) 때 정승이 되어 신법을 모두 폐지하였다. 저서는 『자치통감』, 『독락원집』이 있다.

▷ 公 : 상대를 높이는 말. ▷ 以 : ~함으로써. ▷ 遺는 끼칠 유, 줄 유, 남길 유, 잃을 유, 버릴 유. ▷ 未必 : 반드시 ~하는 것은 아니다. ▷ 盡 : 다할 진, 다 진, 모두 진. ▷ 不如 : ~만 못하다. ~하는 것만 못하다. ~만 같지 않다. * 莫如 : ~만 같은 것이 없다. ▷ 陰德 : 陰德陽報의 준말로서 '남모르게 좋은 일

을 하면 드러나는 보답이 있다'는 뜻. ▷ 冥 : 어두울 명. ▷ 爲 : 할 위, 위할 위, 될 위, '~로 삼다. ~로 여기다. ~로 생각하다.'.

7.

景行錄(경행록)에 曰(왈) 恩義(은의)를 廣施(광시)하라 人生何處不相逢(인생하처불상봉)이니 讐怨(수원)을 莫結(막결)하라 路逢狹處(노봉협처)면 難回避(난회피)니라

景行錄에 曰	경행록에 말하기를
恩義를 廣施하라	"은혜와 옳은 일을 널리 베풀어라.
人生何處不相逢이니	살다보면 어느 곳에서든 서로 만나지 않으랴.
讐怨을 莫結하라	원수를 갚지 말며 원한을 맺지 말라.
路逢狹處면 難回避니라	좁은 길에서 만나면 피하기 어려우니라."

* 경행록(景行錄) : 선행을 기록한 송나라 때의 책 이름.

▷ 生 : ~에 살다. ▷ 何 : 어찌 하, 무엇 하. ▷ 讐 : 원수 수. ▷ 莫 : 말 막. ▷ 逢 : 맞이할 봉. ▷ 狹 : 좁을 협. ▷ 難 : '~하기 어렵다'의 뜻. ▷ 避 : 피할 피.

8.

莊子 曰 於我善者에게 我亦善之하고 於我惡者도 我亦善之하라 我旣於人에 無惡이면 人能於我에 無惡哉인저

莊子曰	장자가 말하기를,
於我善者에게	"나에게 착하게 하는 자에게도
我亦善之하고	나 또한 착하게 하고
於我惡者도	나에게 악하게 하는 자에게도
我亦善之하라	나 또한 착하게 할 것이다.
我旣於人에 無惡이면	내가 남에게 악하게 하지 아니하면
人能於我에 無惡哉인저	남도 능히 나에게 악하게 할 수 없을 것이니라."

* 본명은 장주(莊周). 그가 쓴 『장자』는 도가의 시조인 노자가 쓴 것으로 알려진 『도덕경(道德經)』보다 더 분명하며 이해하기 쉽다. 장자의 사상은 중국불교의 발전에도 영향을 주었으며, 중국의 산수화와 시가(詩歌)에도 많은 영향을 미쳤다.

▷ 於 : 어조사 어. '~에, ~에서, ~보다, ~를'. ▷ 善·惡 : ~을 선(악)하게 여기다. ~을 선(악)하게 대하다. ▷ 旣 : 이미, 처음부터, ~하는 동안에, 이윽고.
▷ 哉 : 말이나 글의 끝에 쓰이어 감탄이나 반문(反問)을 나타내는 어조사.

9.

동 악 성 제 수 훈　　왈　일 일 행 선　　　복 수 미 지　　화
東岳聖帝垂訓에 曰 一日行善이라도 福雖未至나 禍

자 원 의　　　일 일 행 악　　　화 수 미 지　　　복 자 원 의
自遠矣요 一日行惡이라도 禍雖未至나 福自遠矣니

행 선 지 인　　여 마 도 지 초　　불 견 기 장　　　일 유 소
行善之人은 如磨刀之草하여 不見其長이라도 日有所

증　　행 악 지 인　　여 마 도 지 석　　불 견 기 손
增하고 行惡之人은 如磨刀之石하여 不見基損이라도

일 유 소 휴
日有所虧니라

東岳聖帝垂訓에 曰	동악성제가 훈계를 내려 말하기를
一日行善이라도	"하루 착한 일을 행할지라도
福雖未至나	복은 비록 이르지 아니하나
禍自遠矣요	재앙은 스스로 멀어진다.
一日行惡이라도	하루 악한 일을 행할지라도
禍雖未至나	재앙은 이르지 아니하나
福自遠矣니	복은 스스로 멀어진다.
行善之人은	착한 일을 행하는 사람은
如磨刀之草하여	봄 동산에 자라나는 풀과 같아서
不見其長이라도	그 자라나는 것이 보이지 않지만
日有所增하고	날마다 더하는 바 있고
行惡之人은	악을 행하는 자는
如磨刀之石하여	칼을 가는 숫돌과 같아서
不見基損이라도	닳아 없어지는 것이 보이지 않지만
日有所虧니라	날로 닳아 없어지느니라."

* 東岳聖帝(동악성제) : 도가에서 존경하는 신의 이름이다. 3월 28일은 동악묘(東嶽廟)의 연일(緣日)로 탄신제를 지낸다. 동악묘는 중국 태산(泰山)의 신을 모신 묘이며, 본존(本尊)은 동악대제(東嶽大帝)이고, 그 외에 낭랑(娘娘), 문창(文昌) 등 많은 도교(道教)의 신을 모시고 있다.

▷ 垂 : 드리울 수, 베풀 수. ▷ 訓 : 가르칠 훈. ▷ 雖 : 비록 수. ▷ 矣 : 오로지 글의 끝에서만 쓰이는 어조사. 결과를 단정하거나 감동·강조·결의 등을 나타낸다. ▷ 其 : 그(지시대명사), ~의(관형격 조사), 그(감탄, 강세조사). ▷ 日 : '날마다'의 뜻. ▷ 磨 : 갈 마. ▷ 損 : 덜 손. ▷ 虧 : 이지러질 휴.

10.

子曰(자왈) 見善如不及(견선여불급)하고 見不善如探湯(견불선여탐탕)하라

子曰	공자가 말씀하시기를
見善如不及하고	"착한 것을 보거든 미치지 못하는 것과 같이 하고
見不善如探湯하라	착하지 못한 것을 보거든 끓는 물을 더듬는 것처럼 하라."

* 探湯(탐탕) : 뜨거운 물에 담그는 것. 속히 손을 빼다.

▷ 及 : ~에 미치다, 이르다, 끼치다, ~및, ~와. ▷ 探 : 찾을 탐. ▷ 湯 : 끓일 탕, 끓는 물 탕.

2. 天命篇(천명편)

선을 지키고 악을 버리는 하늘의 진리,
하늘의 명령에 관한 글귀들이 있다.

1.

자왈 순천자 존 역천자 망
子曰 順天者는 存하고 逆天者는 亡하느니라

子曰	공자가 말씀하시기를,
順天者는 存하고	“하늘을 순종하는 자는 살고
逆天者는 亡하느니라	하늘을 거역하는 자는 망하게 되느니라.”

▷ 順 : 좇을 순, 순할 순. ▷ 逆 : 거스를 역.

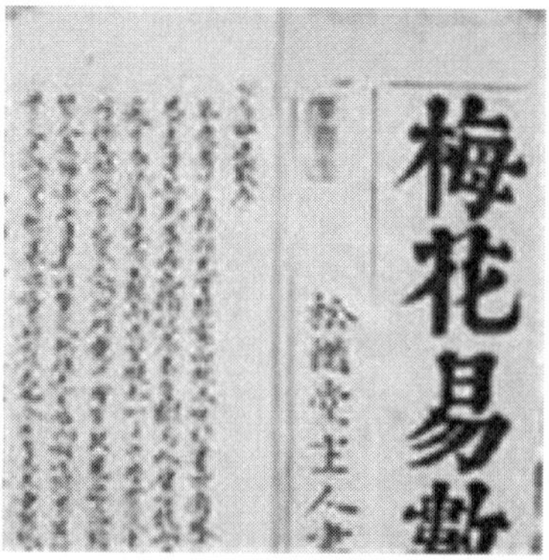
梅花易數

2.

강절소선생 왈 천청 적무음 창창하처심

康節邵先生이 曰 天聽이 寂無音하니 蒼蒼何處尋하

비고역비원 도지재인심

고 非高亦非遠이라 都只在人心이니라

康節邵先生이 曰	강절소 선생이 말하기를,
天聽이 寂無音하니	"하늘의 들으심이 고요하여 소리도 없으니
蒼蒼何處尋고	푸르고 푸른 저 어느 곳에서 찾을 것인가?
非高亦非遠이라	높지도 않고 또한 멀지도 아니하니
都只在人心이니라	다만 모든 사람의 마음 가운데 있느니라."

* 康節邵(강절소, 1011년~1077년) : 성은 소(邵), 이름은 옹(雍 : 누그러질 옹), 자는 요부(堯夫). 강절은 시호이다. 송나라 진종대왕(眞宗大王) 상부(祥符) 4년에 낳음. 연계·장횡거와 같이 송학의 선조다. 이지재(李之才)에게 도서(圖書)·선천(先天)·상수(象數)의 학을 배웠고, 벼슬은 하지 않았다. 저서로는 『황극경세서(皇極經世書)』, 『이천격양집(伊川擊壤集)』 등이 있다.

▷ 寂 : 고요할 적. ▷ 蒼 : 푸를 창. ▷ 何 : ①어찌, 어째서, 어떻게(의문 조사) ②얼마, 무엇, 어느(의문대명사). ▷ 尋 : 찾을 심. ▷ 亦 : 또 역. ▷ 都 : 모두 도. 都大體(도대체), 都合(도합). ▷ 只 : 다만 지.

3.

현제수훈 왈 인간사어 천청 약뇌 암실

玄帝垂訓에 曰 人間私語라도 天聽은 若雷하고 暗室

기심 신목 여전

欺心이라도 神目은 如電이라

玄帝垂訓에 曰	현제가 후세에 내리는 교훈에 말하기를,
人間私語라도	“사람의 사사로운 말도
天聽은 若雷하고	하늘의 들음은 우레와 같고,
暗室欺心이라도	어두운 방에서 마음을 속여도
神目은 如電이라	신의 눈은 번개와 같으니라.”

* 玄帝(현제) : 초자연적인 능력으로 우주만물을 주관한다는 천제(天帝), 도가에서 받드는 신. 어느 신인가는 확실하지 않다.

▷ 垂 : 드리울 수, 베풀 수. ▷ 若 : 같을 약. ▷ 雷 : 우레 뢰. ▷ 欺 : 속일 기. ▷ 電 : 번개 전.

4.

益智書(익지서)에 云(운)하되 惡鑵(악관)이 若滿(약만)하면 天必誅之(천필주지)니라

益智書에 云하되	익지서에 이르기를,
惡鑵이 若滿하면	“악한 마음이 가득차면
天必誅之니라	하늘이 반드시 벌을 내릴 것이니라.”

* 익지서(益智書) : 송대(宋代)의 교양서이다.

▷ 鑵 : 두레박 관. 두레박을 마음에 비유하였다. ▷ 若 : 같을 약, 만일 약, 너 약. ▷ 誅 : 벨 주.

5.

莊子曰 若人이 作不善하여 得顯名者는 人雖不害나 天必戮之니라

(6번으로 이어짐)

莊子曰	장자가 말하기를,
若人이 作不善하여	만약에 사람이 착하지 못한 일을 하고
得顯名者는	이름을 세상에 나타낸 자는
人雖不害나	사람은 비록 해치지 않더라도
天必戮之니라	하늘이 반드시 벌하느니라.

▷ 不善 = 惡. ▷ 顯 : 나타낼 현, 드러낼 현. 현명(顯名)은 이름이 세상에 드러남. 즉, 유명해짐. ▷ 雖 : 비록 수. ▷ 戮 : 죽일 륙.

6.

種瓜得瓜요 種豆得豆니 天網이 恢恢하여 疎而不漏니라

種瓜得瓜요	오이씨를 심으면 오이를 얻고
種豆得豆니	콩을 심으면 콩을 얻으니
天網이 恢恢하여	하늘의 그물은 넓고 넓어 보이지 않으며
疎而不漏니라	물샐 틈도 없느니라.

▷ 種 : 씨 종, 심을 종. ▷ 瓜 : 오이 과. ▷ 豆 : 콩 두. ▷ 網 : 그물 망. ▷ 恢 : 넓을 회. 회회는 '넓고도 넓음'. ▷ 疎 : 성길 소. 공간적으로 사이가 뜸. 관계가 긴밀하지 못함. ▷ 而 : ~하나, ~하여도. ▷ 漏 : 샐 루.

7.

子曰(자왈) 獲罪於天(획죄어천)이면 無所禱也(무소도야)니라

子曰	공자가 말씀하시기를,
獲罪於天이면	"하늘에 죄를 짓게 되면
無所禱也니라	빌 곳이 없느니라."

▷ 獲 : 얻을 획. ▷ 於 : ~에서, ~에게, ~까지, ~로부터 등을 나타내는 어조사. ▷ 禱 : 빌 도.

3. 順命篇(순명편)

하늘의 이치, 자연의 이치를 거슬리지 않고
자신의 본분과 분수에 맞는 생활에 관한 글귀들이 쓰여 있다.

1.

자왈 사생 유명 부귀재천

子曰 死生이 有命이요 富貴在天이니라

(2번으로 이어짐)

子曰	공자가 말씀하시기를,
死生이 有命이요	"죽고 사는 것은 명에 있고
富貴在天이니라	부귀도 하늘에 있느니라."

* 『논어』 〈안연편〉 제5장에 있다.

▷ 命 : ①목숨 → 生命 ②운명·운수 → 運命 ③명령 → 天命 ④이름을 짓다 → 命名 ⑤표적 → 命中. ▷ 天 : 천명, 운명, 하늘의 뜻.

2.

萬事分已定이거늘 浮生空自忙이니라

(만사분이정 / 부생공자망)

萬事分已定이거늘 — 모든 일은 이미 분수가 정해져 있는 것이거늘

浮生空自忙이니라 — 세상 사람은 스스로 바쁘게 움직인다.

▷ 分 : ①나눌 분 → 分斷. ②구별할 분 → 分別. ③길이·무게·시간·각도·화폐 등의 단위 → 十分. ④신분·직분·분수 → 身分. ▷ 已 : 이미 이. ▷ 定 : 정하다, 정해지다, 반드시. ▷ 浮 : 뜰 부. 浮生은 '덧없는 인생'의 뜻. ▷ 空 : 빌 공. 여기서는 '헛되이, 공연히'의 뜻. ▷ 自 : 스스로, 몸소, 저절로, 자연히, 자기, ~로부터. ▷ 忙 : 바쁠 망.

3.

景行錄에 云하되 禍不可倖免이요 福不可再求니라

(경행록 / 운 / 화불가행면 / 복불가재구)

景行錄에 云하되 — 경행록에 이르기를,

禍不可倖免이요 — "화는 가히 요행으로 면치 못하고

福不可再求니라 — 복은 가히 두 번 다시 얻지 못하느니라."

* 경행록(景行錄) : 선행을 기록한 송나라 때의 책 이름이다.

▷ 禍 : 재화(災禍), 재앙(災殃), 불행, 근심, 죄. ▷ 可 : 옳을 가, 가히 가. '~할 수 있다'. 不可 : ~할 수 없다, ~해서는 안 된다. ▷ 倖 : 요행 행, 다행 행. ▷ 免 : 면할 면, 벗을 면. ▷ 再 : 두 번 재, 거듭 재. ▷ 求 : 구할 구, 찾을 구, 청할 구.

4.

시래풍송등왕각 운퇴뢰굉천복비

時來風送滕王閣이요 運退雷轟天福碑라

時來風送滕王閣이요	때가오자 바람은 등왕각으로 보내고
運退雷轟天福碑라	운이 물러가자 벼락은 천복비를 친다.

* 藤王閣(등왕각) : 각의 이름. 당나라 등왕원영(滕王元嬰)이가 홍주(洪州)에 도독(都督)으로 있을 때에 세움. 원영은 당나라 고조의 아들이다. 왕발(王勃)이 등왕각 서문과 시를 지음. 왕발이가 마당산 신령의 현몽을 얻어 순풍을 만나 배를 타고 하룻밤 사이에 남창 7백리 뱃길을 가서 등왕각 서문 짓기에 참가하여 당선이 되어 이름을 떨침.

* 薦福碑(천복비) : 요주(饒州)의 천복사비(薦福寺碑). 당나라 이북해(李北海)가 지음. 구래공(寇萊公)의 문객 한 사람이 몹시 가난하게 지내고 있을 때 어떤 사람이 천복비 비문을 탁본(拓本)을 해 오면 후한 보수를 보답하겠다고 약속하자, 이에 천신만고 끝에 수 천리를 애써서 천복비가 있는 지점에 도착하니, 날은 어둡고, 비바람과 천둥 번개가 쳐서 하는 수 없이 다음 날 아침으로 미루어 천복비가 있는 쪽을 가보니 지난 밤 천둥번개에 깨져 버렸다는 이야기가 전해진다.

▷ 騰 : 오를 등. ▷ 閣 : 누각 각. ▷ 轟 : 수레 모는 소리 굉, 천둥소리 굉.
▷ 薦 : 천거할 천, 드릴 천, 거적 천. ▷ 碑 : 돌기둥 비.

5.

列子曰 癡聾痼啞도 家豪富요 知慧聰明도 却受貧이니 年月日時該載定하니 算來由命由人이라

列子曰	열자가 말하기를
癡聾痼啞도 家豪富요	"어리석고 귀먹고 벙어리라도 집은 큰 부자가 있고
知慧聰明도 却受貧이니	지혜 있고 총명하여도 가난한 자 있으며,
年月日時該載定하니	운수는 해와 달과 날과 시가 정해져 있으니
算來由命由人이라	계산해보면 명에 말미암지 않느니라."

* 列子(열자, 기원전 400년경 생몰) : 전국시대 정인(鄭人). 이름은 어구(禦寇 : 막을 어, 도둑 구), 열자는 존칭. 『열자(列子)』8권이 있음. 당나라 때에 그를 도교적 칭호로 충허지덕진인(冲虛至德眞人)이라고 부르고, 저서로는 『충허진경(冲虛眞經)』이 있음.

▷ 癡 : 어리석을 치. 본자(本字)는 癡. ▷ 聾 : 귀머거리 롱. ▷ 痼 : 고질병 고. ▷ 啞 : 벙어리 아. ▷ 豪 : 호걸 호, 성할 호. 豪富는 우리말로 부호(富豪). ▷ 慧 : 슬기로울 혜. ▷ 聰 : 귀 밝을 총, 총명할 총. ▷ 却 : 물리칠 각. 여기서는 '도리어, 오히려'의 뜻으로 부사로 쓰였다. ▷ 貧 : 가난할 빈. ▷ 年月日時 = 사주(四柱). ▷ 該 : 그 해, 해당할 해, 갖출 해, 모두 해. ▷ 載 : 실을 재. ▷ 算 : 셈할 산, 수 산. '셈을 해 보다'는 '운수를 따져 보다'의 뜻으로 쓰였다. ▷ 由 : 말미암을 유. 來由 = 유래(由來). 不由人 : '사람으로부터 비롯된 까닭이 아니다'의 뜻.

4. 孝行篇(효행편)

백행(百行)의 근본이라 하는 효(孝)에 관한 글귀들이 쓰여 있다.

1.

시왈 부혜생아 모혜국아 애애부모
詩曰 父兮生我하시고 母兮鞠我하시니 哀哀父母여
생아구로 욕보심은 호천망극
生我劬勞셨다 欲報深恩인데 昊天罔極이로다

詩曰	시경에서 말하기를,
父兮生我하시고	"아버지께서 나를 낳으시고
母兮鞠我하시니	어머니께서 나를 기르셨으니
哀哀父母여	아 슬프도다 부모님이시여
生我劬勞셨다.	나를 낳아 기르시기에 그 얼마나 애쓰시고 고생하셨는가
欲報深恩인데	그 깊은 은혜를 조금이라도 갚고자 한다면
昊天罔極이로다.	넓은 하늘과 같아서 끝이 없도다."

* 詩(시) : 『시경(詩經)』을 말한다. 임금이 민정을 알기 위하여 각 나라의 민요 3천여 편을 채집한 것을 공자가 그 중 305편을 뽑아 엮은 책. 주(周)나라 초기(B.C. 11세기)부터 춘추시대 중기(B.C. 6세기)까지의 시가 305편을 모았다. 크게 풍(風)·아(雅)·송(頌)으로 분류되며 모두 노래로 부를 수 있다. 풍

은 민간에서 채집한 노래로 모두 160편이다. 여러 나라의 노래가 수집되어 있다고 하여 국풍(國風)이라고도 하는데, 주남(周南)·소남(召南)·패(邶)·용(鄘)·위(衛)·왕(王)·정(鄭)·제(齊)·위(魏)·당(唐)·진(秦)·진(陳)·회(檜)·조(曹)·빈(豳)의 15개국 노래로 분류된다. 대부분이 서정시로서 남녀 간의 사랑이 내용의 주류를 이룬다. 아는 소아(小雅) 74편과 대아(大雅) 31편으로 구성되며 궁중에서 쓰이던 작품이 대부분이다. 형식적·교훈적으로 서사적인 작품들도 있다. 송은 주송(周頌) 31편, 노송(魯頌) 4편, 상송(商頌) 5편으로 구성되는데, 신과 조상에게 제사지내는 악곡을 모은 것이다. 주송은 대체로 주나라 초기, 즉 무왕(武王)·성왕(成王)·강왕(康王)·소왕(昭王) 때의 작품으로 보인다. 노송은 노나라 희공(僖公) 때의 시이다. 상송은 가장 오래된 시로 여겨졌으나, 청대 위원(魏源)이 후대의 작품이라는 증거를 제시했다. 내용은 매우 광범위하여 통치자의 전쟁·사냥, 귀족계층의 부패상, 백성들의 애정·일상생활 등의 다양한 모습을 담고 있다. 형식상으로는 4언(四言)을 위주로 하며 부(賦)·비(比)·흥(興)의 표현방법을 채용하고 있다. 부는 자세한 묘사, 비는 비유, 흥은 사물을 빌려 전체 시를 이끌어내는 방법을 말한다. 이러한 수법은 후대 시인들이 계승하여 몇 천 년 동안 전통적인 예술적 기교로 자리 잡았다. 한대에 유가경전에 편입되었다. 판본으로는 〈노시魯詩〉·〈제시齊詩〉·〈한시韓詩〉·〈모시毛詩〉가 『시경』 해석과 연구의 주류를 이루었다. 그중 현존하는 판본은 모장(毛萇)의 모시인데, 정현(鄭玄 : 127~200)의 전(箋)과 공영달(孔穎達 : 574~648)의 소(疏)가 포함되어 있다. 남송 때 주희(朱熹)가 쓴 『시집전(詩集傳)』은 영향력이 큰 주석본이다.

▷ 혜(兮) : 멈춤·완만함·감정·감탄을 나타내는 어조사. '~여!, ~인가!' ▷ 生 : 낳다, 살다. ▷ 鞠 : 기를 국. ▷ 哀 : 슬플 애. ▷ 劬 : 수고로울 구. ▷ 勞 : 일할 로, 힘쓸 로. ▷ 欲 : 하고자 할 욕, 바랄 욕. ▷ 昊 : 넓을 호, 하늘 호. ▷ 罔 : 없을 망, 그물 망, 속일 망. ▷ 極 : 다할 극.

2.

자왈 효자지사친야 거즉치기경 양즉치기락
子曰 孝子支社親也는 居則致其敬하고 養則致其樂하
병즉치기우 상즉치기애 제즉치기엄
고 病則致其憂하고 喪則致其哀 祭則致其嚴이니라

子曰	공자가 말씀하시기를,
孝子支社親也는	"효자가 부모를 섬김에 있어서
居則致其敬하고	평상시에는 공경을 다하고
養則致其樂하고	봉양할 때에는 즐거움을 다하고
病則致其憂하고	병드신 때는 근심을 다하고
喪則致其哀	돌아가시면 슬픔을 다하고
祭則致其嚴이니라	제사에는 엄숙함을 다해야 할 것이니라."

▷ 事 : 섬길 사. ▷ 親 : 어버이 친. ▷ 也 : 글의 끝에 쓰일 때에는 긍정하거나 판단함을 나타내고(~이다, ~다), 글의 중간에 쓰일 때에는 멈춤을 나타낸다(~이, ~는, ~에, ~와). ▷ 居 : 살 거, 있을 거. ▷ 則 : 곧 즉(~하면 곧), 법 칙. ▷ 致 : 이를 치, 다할 치. ▷ 其 : 그 기. ▷ 養 : 기를 양, 가르칠 양, 다스릴 양, 봉양할 양. ▷ 憂 : 근심할 우. ▷ 喪 : 죽을 상. 여기서는 '어버이의 상을 당하다'의 뜻. ▷ 祭 : 제사 제. ▷ 嚴 : 엄할 엄.

3.

자왈 부모재 불원유 유필유방

子曰 父母在어시든 不遠遊하며 遊必有方이니라

子曰	공자가 말씀하시기를,
父母在어시든	"부모가 살아계시면
不遠遊하며	멀리 가서 놀지 말 것이며
遊必有方이니라	놀더라도 반드시 노는 곳을 알려드려야 하느니라."

▷ 遊 : 놀 유, 여행할 유. ▷ 方 : 모(네모), 방위·방향, 곳·장소, 방법, 바르다(방정 : 方正).

4.

자왈 부명소 유이불락 식재구즉토지

子曰 父命召어시든 唯而不諾하고 食在口則吐之니라

子曰	공자께서 말씀하시기를,
父命召어시든	"부모께서 명하여 부르시거든
唯而不諾하고	즉시 대답하고 머뭇거리지 말며
食在口則吐之니라	음식물이 입 안에 있으면 즉시 뱉고 대답하느니라."

▷ 召 : 부를 소. ▷ 唯 : 오직 유, 대답할 유. 여기서는 부를 때 대답하는 소리('예')를 뜻한다. ▷ 諾 : 대답할 락, 승낙할 락. 不諾은 대답만 하고 바로 응하지 않음. ▷ 食 : 먹을 식, 밥 식. ▷ 吐 : 토할 토.

5.

태공 왈 효어친 자역효지 신기불효

太公이 曰 孝於親이면 子亦孝之하나니 身旣不孝면

자하효언

子何孝焉이리오

(6번으로 계속)

太公이 曰	태공이 말하기를,
孝於親이면	"내가 부모님에게 효도하면
子亦孝之하나니	자녀들이 또한 나에게 효도하게 되며
身旣不孝면	자신이 불효하면
子何孝焉이리오	자녀들이 무엇을 본받아서 나에게 효도하겠는가."

▷ 於 : ~에게, ~에. ▷ 親 : 어버이 친. ▷ 亦 : 또 역. ▷ 之 : 지시대명사. ▷ 旣 : 이미 기(과거를 나타냄). ▷ 何 : 어찌 하, 무엇 하. ▷ 焉 : 어찌 언, 이에 언, 여기 언.

6.

효순 환생효순자 오역 환생오역자 불

孝順은 還生孝順子요 忤逆은 還生五逆子하나니 不

신 단간첨두수 점점적적불차이

信커든 但看簷頭水하라 點點適適不差移니라

孝順은 還生孝順子요	효도와 순종함은 다시 효도와 순종하는 아들을 낳게 되고

忤逆은 還生五逆子하나니	오역을 범한 자는 오역을 범하는 자식을 낳기가 쉬우니
不信커든 但看簷頭水하라	믿지 못하거든 저 처마 끝에 낙수를 보라
點點適適不差移니라	방울방울 떨어져 내림이 어긋남이 없느니라.

* 五逆子(오역자) : 임금, 아버지, 어머니, 할아버지. 할머니를 죽이는 자식.
* 點點滴滴(점점적적) : 처마에서 덜어지는 낙수.

▷ 順은 순응(順應)·순종(順從)한다는 뜻. ▷ 還 : 돌아올 환. 여기서는 '다시, 도리어, 도로'의 부사로 쓰였음. ▷ 忤 : 거스를 오. ▷ 逆 : 거스를 역. ▷ 但 : 다만 단, 무릇 단. ▷ 看 : 볼 간. ▷ 簷 : 처마 첨. ▷ 點 : 점 점. ▷ 滴 : 물방울 적. ▷ 差 : 어긋날 차. ▷ 移 : 옮길 이.

5. 正己篇(정기편)

맑은 마음과 바른 몸가짐을 가지는
수신(修身)에 도움이 되는 글귀들이 수록되어 있다.

1.

性理書에 云하되 見人之善而尋己之善하고 見人之惡而尋己之惡이니 如此라야 方是有益이니라

性理書에 云하되	성리서에 이르기를,
見人之善而尋己之善하고	"사람의 착한 것을 보거든 나의 선을 찾고,
見人之惡而尋己之惡이니	다른 사람의 악을 보거든 나의 악을 찾으라.
如此라야 方是有益이니라	이렇게 해야만 바야흐로 유익함이 있느니라."

* 性理書(성리서) : 성리란 천성·천품 곧 본성을 말한다. 성리학이란 송나라 주렴계·장횡거·정이·주희 등이 제창한 학설로 성명이기라 함.

▷ 云 : 이를 운. ▷ 人 : 다른 사람, 타인(他人)을 뜻함. ▷ 而 : 말 이을 이.
▷ 尋 : 찾을 심. ▷ 如此 : 이와 같이 하면, 이와 같으면. ▷ 方 : 바야흐로 방.
▷ 是 : 이, 이것, 여기.

2.

경 행 록　　운　　대 장 부　　당 용 인　　무 위 인 소
景行錄에 云하되 大丈夫가 當容人이언정 無爲人所
용
容이니라

景行錄에 云하되　　경행록에 이르기를,
大丈夫가 當容人이언정　　“대장부가 마땅히 남을 용서할지언정
無爲人所容이니라　　남의 용서를 받는 자는 되지 말지니라.”

▷ 當 : 마땅할 당. ▷ 容 : 얼굴 용, 담을 용, 품을 용, 용납할 용. ▷ 無 = 莫, 勿(금지의 뜻). ▷ 爲 : 될 위. ▷ 所 : 바 소 *爲~A 所~B : ‘A에게 B를 당하다, A의 B하는 바가 되다’의 뜻(피동형).

3.

태 공　　왈　물 이 귀 기 이 천 인　　물 이 자 대 이 멸 소
太公이 曰 勿以貴己而賤人하고 勿而自大而蔑小하고
물 이 시 용 이 경 적
勿以恃勇而輕敵하라

太公이 曰　　태공이 말하기를,
勿以貴己而賤人하고　　“자기가 귀하다고 남을 천시하지 말고
勿而自大而蔑小하고　　자기가 크다고 해서 남의 작음을 업신여기지 말며
勿以恃勇而輕敵하라　　용맹을 믿고서 적을 가볍게 여기지 말라.”

▷ 勿 : 말 물. ▷ 以 : 써 이. ~으로써, ~로, ~에 따라서, ~ 때문에. ▷ 蔑 : 업신여길 멸. ▷ 恃 : 믿을 시.

4.

마원 왈 문인지과실 여문부모지명 이
馬援이 曰 聞人之過失이어든 如聞父母之名하여 耳

가득문 구불가언야
可得聞이언정 口不可言也이니라

馬援이 曰	마원이 말하기를, 평생학습시대의 성인친화형 인성교육서
聞人之過失이어든	"남의 과실을 듣거든
如聞父母之名하여	부모님의 존함을 듣는 것 같이 하여
耳可得聞이언정	귀로는 가히 듣지만
口不可言也이니라.	입으로는 절대 말하지 말라."

* 마원(B.C. 11~A.D. 49) : 후한(後漢)의 장군으로 자는 문연(文淵). 광무제(光武帝)에 의해 복파장군(伏波將軍)으로 임명되어 베트남과 흉노(匈奴) 토벌 등 많은 무공을 세웠고, 그 공으로 신식후(新息侯)에 봉해졌다.

▷ 可 : ~할 수 있다. 不可는 '옳지 않다, 할 수 없다, 하지 말라'의 뜻.

5.

강절소선생 왈 문인지방 미상노 문인
康節邵先生이 曰 聞人之謗이라도 未嘗怒하며 聞人
지예 미상희 문인지악 미상화
之譽라도 未嘗喜하며 聞人之惡이라도 未嘗和하며
문인지선즉취이화지 우종이희지
聞人之善則就而和之하고 又從而喜之니라
기시 왈 락견선인 락문선사 락도선언
其詩에 曰 樂見善人하며 樂聞善事하며 樂道善言하
락행선의 문인지악 여부망자 문
며 樂行善意하고 聞人之惡이어든 如負芒刺하고 文
인지선 여패난혜
引之善이어든 如佩蘭蕙니라

康節邵先生이 曰	강절소 선생이 말하기를,
聞人之謗이라도 未嘗怒하며	“사람의 비방함을 듣더라도 성내지 말며
聞人之譽라도 未嘗喜하며	사람의 칭찬을 듣더라도 기뻐하지 말며
聞人之惡이라도 未嘗和하며	남의 악함을 듣더라도 화합하지 말며
聞人之善則就而和之하고	사람의 선함을 듣거든 나아가서 화응하고
又從而喜之니라	또 따라서 기뻐해야 할 것이다.”
其詩에 曰	그의 시에 이렇게 썼다.
樂見善人하며	“선한 사람 보기를 즐겨하며,
樂聞善事하며	선한 일 듣기를 즐겨 하며,
樂道善言하며	선한 말하기를 즐겨하며,
樂行善意하고	선한 뜻 행하기를 즐겨 하며,
聞人之惡이어든	남의 악한 점을 듣거든
如負芒刺하고	가시를 몸에 진 것 같이 여기고,
文引之善이어든	남의 선한 점을 듣거든
如佩蘭蕙니라	난초를 몸에 지닌 것 같이 여기라.”

▷ 人 : 다른 사람. ▷ 謗 : 헐뜯을 방. ▷ 未 : 아닐 미, 아직 미. 嘗 : 일찍이 상. 未嘗 : 일찍이 ~한 적이 없다. ▷ 怒 : 성낼 로. ▷ 譽 : 기릴 예, 칭찬할 예. ▷ 喜 : 기쁠 희. ▷ 和 : 화할 화. '未嘗和'에서는 '부화뇌동(附和雷同)'의 뜻. 就而和之에서는 '화목하다, 서로 응하다'의 뜻. ▷ 則 : ~하면(가정).
▷ 就 : 나아갈 취. ▷ 又 : 또 우. ▷ 從 : 좇을 종. ▷ 道 : 말할 도. ▷ 負 : 질 부. ▷ 芒 : 가시랭이 망. ▷ 刺 : 가시 자. ▷ 佩 : 찰 패. ▷ 蕙 : 혜초 혜(난초의 일종으로 향초(香草)로 쓰임).

6.

도오선자 시오적 도오악자 시오사
道五善者는 是吾賊이요 道五惡者는 是吾師니라

(위 5번에서 이어진 글)

道五善者는	나에게 착하다고 하는 자는
是吾賊이요	나에게 해로운 사람이고,
道五惡者는	나에게 나쁘다고 깨우쳐 주는 자는
是吾師니라	곧 나에게 스승이 되느니라.

▷ 道 : 말할 도. ▷ 吾 : 나 오. ▷ 是 : ~이다. ▷ 賊 : 도둑 적.

7.

태공 왈 근위무가지보 신시호신지부
太公이 曰 勤爲無價之寶요 愼是護身之符니라

太公이 曰	태공이 말하기를,
勤爲無價之寶요	"부지런함은 값없는 보배이고,
愼是護身之符니라	삼가 함은 몸을 보호하는 부적이니라."

▷ 勤 : 부지런할 근. ▷ 爲 : ~이 되다. ▷ 價 : 값 가, 값어치 가. ▷ 愼 : 삼갈 신. ▷ 是 : ~이다. ▷ 護 : 보호할 호. ▷ 符 : 부신 부 *부신 = 부적, 호신부, 증표로 삼는 물건.

8.

경행록 왈 보생자 과욕 보신자 피명
景行錄에 曰 保生者는 寡慾하고 保身者는 避名이니
무욕 이 무명 난
無慾은 易하나 無名은 難이니라

景行錄에 曰	경행록에 말하기를,
保生者는 寡慾하고	"삶을 안전하게 잘 보존하려는 자는 욕심을 적게 하고,
保身者는 避名이니	몸을 잘 보존하려는 자는 명예를 피하나
無慾은 易하나	욕심을 없게 하기는 쉬우나
無名은 難이니라	이름을 없게 하기는 어려우니라."

▷ 保 : 지킬 보, 보전할 보. ▷ 寡 : 적을 과. ▷ 慾 : 욕심 욕. ▷ 避 : 피할 피. ▷ ~易 ~難 '~하기는 쉬우나 ~하기는 어렵다'.

9.

子曰 君子는 有三戒하니 小之時에는 血氣未定이라 戒之在色하고 及其壯也는 血氣方剛이라 戒之在鬪하고 及其老也하여는 血氣旣衰라 戒之在得이니라

子曰	공자가 말씀하기를,
有三戒하니	"군자에게는 세 가지 경계해야 할 것이 있으니
小之時에는	어릴 때에는
血氣未定이라	혈기가 정해지지 못하였으니
戒之在色하고	여색을 경계해야 되고
及其壯也하여는	장성함에 이르러서는
血氣方剛이라	혈기가 바야흐로 강해지니
戒之在鬪하고	서로 다투는 것을 경계해야 하며,
及其老也하여는	늙어지면
血氣旣衰라	혈기가 이미 쇠약해지니
戒之在得이니라	탐내어 얻으려고 하는 바를 경계해야 되느니라."

▷ ~有~ : ~에 ~가 있다. ~在~ : ~가 ~에 있다. ▷ 戒 : 경계할 계. ▷ 色 : 색(여색), 색정(色情). ▷ 及 : 미칠 급, 이를 급. ▷ 其 : 그 기. 앞의 군자를 가리킴. ▷ 壯 : 씩씩할 장, 장할 장, 성할 장. ▷ 也 : ~이다. ▷ 方 : 바야흐로 방. ▷ 剛 : 굳셀 강. ▷ 鬪 : 싸울 투. ▷ 旣 : 이미 기. ▷ 衰 : 쇠할 쇠, 약해질 쇠.

10.

손진인양생명 운 노심편상기 사다태손신
孫眞人養生銘에 云하되 怒甚偏傷氣오 思多太損神이

신피심이역 기약병상인 물사비환극
라 神疲心易役하고 氣弱病相因이라 勿使悲歡極하고

당령음식균 재삼방야취 제일계신진
當令飮食均하며 再三防夜醉하고 第一戒晨嗔하라

孫眞人養生銘에 云하되	손진인의 양생명에 이르기를,
怒甚偏傷氣오	“화내기를 심하게 하면 기운을 상하고
思多太損神이라	생각이 많으면 정신을 크게 손상시킨다.
神疲心易役하고	정신이 피곤하면 마음자체가 쉽게 지치고,
氣弱病相因이라	기운이 약하면 병이 생긴다.
勿使悲歡極하고	슬픔과 기쁨도 지나치면 아니 되고
當令飮食均하며	음식을 균일하게 하며
再三防夜醉하고	밤에 술 취하는 것을 재삼 금하고
第一戒晨嗔하라	제일 중요한 것은 새벽에 성내는 것을 조심해야 하느니라.”

* 孫眞人養生銘(손진인양생명) : ‘손진인(孫眞人)’은 도가의 선생. 진인(眞人)은 참된 도리를 체득한 사람. 선인(仙人). 지인(至人)의 뜻을 말한다. ‘양생명(養生銘)’은 생명을 기르는데 유의해야 할 조목을 기록한 책을 말한다.

▷ 甚 : 심할 심. ▷ 偏 : 치우칠 편. ▷ 傷 : 상할 상. 해칠 상. ▷ 太 : 클 태. 여기서는 ‘크게’라는 부사로 쓰임. 큰 대보다 더 크다는 의미. ▷ 損 : 감소하다, 줄다, 잃다, 손해를 보다. ▷ 神 : 귀신, 정신, 혼. ▷ 疲 : 피곤할 피. ▷ 役 : 부릴 역. 心役은 마음을 일꾼 부리듯 부리니까 ‘마음이 힘들다’, ‘마음이 고달프다’의 뜻임. ▷ 因 : 인할 인. 유래, 까닭, 연유를 말함. ▷ 使 : 하여금 사, 부릴

사. '~로 하여금 ~하게 하다'. ▷ 歡 : 기뻐할 환. 기쁠 환. ▷ 當 : 마땅할 당. ▷ 令 : 하여금 령 = 使. 부릴 영. ▷ 均 : 고를 균. ▷ 晨 : 새벽 신. ▷ 嗔 : 성낼 진.

11.

경행록 왈 식담정신상 심청몽매안

景行錄 曰 食淡精神爽이요 心淸夢寐安이니라

(12번으로 이어짐)

景行錄曰	경행록에 말하기를,
食淡精神爽이요	"음식이 맑고 깨끗하면 정신이 상쾌해지고
心淸夢寐安이니라	마음이 맑으면 잠자리도 편안하니라."

▷ 食 : 먹을 식, 밥 식. ▷ 淡 : 물 맑을 담. ▷ 爽 : 시원할 상. 마음이 맑고 즐겁다. ▷ 淸 : 맑을 청, 깨끗할 청. ▷ 寐 : 잠잘 매.

12.

정심응물 수불독서 가이위유덕군자

定心應物이면 雖不讀書나 可以爲有德君子이니라

定心應物이면	마음을 안정하여 갖고 사물에 적응한다면
雖不讀書나	비록 글을 읽지 않았다 하더라도,
可以爲有德君子이니라	덕이 있는 군자가 되느니라.

▷ 應 : 응할 응. ▷ 物 : 만물 물. ▷ 雖 : 비록 수. ▷ 可以 : ~할 수 있다, ~할 만하다. *以爲 : ~을 ~으로 한다, ~을 ~라고 여기다, ~으로 생각하다. 따라서 可以爲는 ~을 ~라고 할 수 있다, ~을 ~으로 생각할(여길) 수 있다.

13.

近思錄(근사록)에 云(운)하되 懲忿(징분)을 如救火(여구화)하고 窒慾(질욕)을 如防水(여방수)하라

近思錄에 云하되	근사록에 이르기를,
懲忿을 如救火하고	"분한마음 참기를 불 끄듯이 하고
窒慾을 如防水하라	욕심 막기를 물 막듯이 하라."

* 近思錄(근사록) : 송나라 주희(朱熹), 여조겸(呂祖謙)의 공찬(共撰). 송나라 도학자 주렴계(周濂溪), 정명도(程明道), 정이천(程伊川), 장횡거(張橫渠)의 말에서 수신, 제가, 치국의 이상에서 필요한 것 622조를 초출(抄出)하여 도학의 요지를 표시한 책이다. 전14권.

▷ 懲 : 혼날 징, 징계할 징. ▷ 忿 : 성낼 분. 분한 마음. 懲忿은 분한 마음을 참다(억누르다). ▷ 救 : 건질 구, 막을 구. 救火는 '불을 끄다'의 뜻. ▷ 窒 : 막을 질.

14.

이견지　　운　　피색여피수　　피풍여피전
夷堅志에 云하되 避色如避讐하고 避風如避箭하며

막끽공심다　　소식중야반
莫喫空心茶하고 少食中夜飯하라

夷堅志에 云하되	이견지에 이르기를,
避色如避讐하고	"여색 피하기를 원수와 같이 하고
避風如避箭하며	바람 피하기론 화살 피하듯이 하고
莫喫空心茶하고	빈속에 독한 차를 마시지 말고
少食中夜飯하라	밤중에는 음식을 적게 먹으라."

* 夷堅志(이견지) : 송나라 홍매(洪邁, 1123~1202)가 편찬함. 신선과 귀신의 이야기를 잡록한 것이다. 본래 420권이였으나 지금은 50권만 현존한다. 이견이란 옛날 박물군자의 이름.

▷ 風 : 불건전한 남녀관계를 뜻한다. '바람을 피우다'. ▷ 箭 : 화살 전.
▷ 莫 : 아닐 막, 없을 막, 말 막(금지의 뜻). ▷ 喫 : 마실 끽. ▷ 飯 : 밥 반.

15.

순자　왈　무용지변　　불급지찰　　기이물치
荀子 曰 無用之辯과 不急之察을 棄而勿治하라

荀子 曰	순자가 말하기를,
無用之辯과	"쓸데없는 말과
不急之察을	급하지 않은 일은
棄而勿治하라	버리고 다스리지 말라."

* 荀子(순자) : 전국시대 조(趙)나라 사람. 이름은 황(況), 때에 사람들이 존중하여 경(卿)이라 부르고, 한나라 사람들은 선제(宣帝)의 휘(諱)를 피하여 손경(孫卿)이라 불렀다. 벼슬은 제나라 좨주(祭酒), 초나라의 난능령(蘭陵令), 나이 50에 비로소 제나라의 유학하고, 양왕(襄王) 때 노사(老師)라 일컬어졌으나, 참소를 당하여 떠나서 초나라에 주유하였다. 춘신군(春申君)이 죽자 벼슬을 사양하고 난능에서 살며, 이사에게 가르쳤다. 항상 탁세의 정치를 미워하고, 드디어 유묵도덕의 행사를 추상하며, 서수만언을 지었다. 그의 학문은 공자로써 표준을 삼고, 성악설(性惡說)을 주장하여 인성은 모두 악하다고 하며, 예의로서 교정하지 않으면 선이 될 수 없다고 논했다. 저서에 『순자』 22권이 전해짐.

▷ 辯 : 말 잘할 변, 따질 변. ▷ 急 : 급할 급, 빠를 급. ▷ 察 : 살필 찰. 살펴서 알다, 조사하다, 생각하여 보다. ▷ 棄 : 버릴 기. ▷ 而 : ~하고, ~하여.

16.

子曰(자왈) 衆(중)이 好之(호지)라도 必察焉(필찰언)하며 衆(중)이 惡之(오지)라도 必(필) 察焉(찰언)이라

(18번까지 계속)

子曰	공자께서 말씀하시기를,
衆이 好之라도	"모두가 좋다고 할지라도
必察焉하며	반드시 살펴보고
衆이 惡之라도	모두가 미워하여도
必察焉이라	반드시 살펴야 하느니라."

▷ '之, 焉'은 말끝에 붙는 종결형 어조사로 특별한 뜻을 가지고 있지는 않다.
▷ 惡 : 미워할 오, 욕설할 오.

17.

酒中不言은 眞君子요 財上分明은 大丈夫이니라

(주중불언 진군자 재상분명 대장부)

酒中不言은	술 취한 가운데서 말이 없는 것은
眞君子요	참다운 군자이고
財上分明은	재물에 있어서도 분명하게 함은
大丈夫이니라	대장부이니라.

▷ 上 : 명사 뒤에 붙는 접미사로 사물의 분야나 범위를 나타냄.

18.

萬事從寬이면 其福自厚이니라

(만사종관 기복자후)

萬事從寬이면	모든 일을 너그럽게 한다면
其福自厚이니라	복이 자연적으로 두터워지느니라.

▷ 從 : 좇을 종. 좇다 = ~을 따르다. 쫓다 = 억지로 몰아내다, 내쫓다.

▷ 寬 : 너그러울 관. ▷ 自 : 스스로 자, 저절로 자. ▷ 厚 : 두터울 후.

19.

太公(태공)이 曰(왈) 慾量他人(욕량타인)이면 先須自量(선수자량)하라. 傷人之語(상인지어)는 還是自傷(환시자상)이니 含血噴人(함혈분인)이면 先汚其口(선오기구)이니라

(20번까지 이어짐)

太公이 曰	태공이 말하기를,
慾量他人이면	"다른 사람을 헤아리고자 하면
先須自量하라	먼저 모름지기 자신을 헤아려 보라,
傷人之語는	남을 해치는 말은
還是自傷이니	도리어 스스로를 해치는 것이니
含血噴人이면	피를 머금고 남에게 뿜으려 하면
先汚其口이니라	자기 입이 먼저 더러워지느니라."

▷ 欲 : 하고자 할 욕. ▷ 量 : 헤아릴 량. ▷ 須 : 모름지기 수(모름지기=마땅히, 응당). ▷ 還 : 돌아올 환. ▷ 是 : ~이다. 還是는 '도리어(오히려) ~이다'. 只是(지시)~ : 단지 ~이다. 總是(총시)~ : 모두 ~이다. 都是(도시)~ : 모두 ~이다. 亦是(역시)~ : 또한 ~이다. ▷ 含 : 머금을 함. ▷ 噴 : 뿜을 분. ▷ 汚 : 더러울 오.

20.

凡戱(범희)는 無益(무익)이오 惟勤(유근)이 有功(유공)이니라.

凡戱는 無益이오	무릇 놀이는 유익함이 없고
惟勤이 有功이니라	오직 부지런한 것만이 공적이 있느니라.

▷ 凡 : 무릇 범, 모두 범, 범상할(평범할) 범. ▷ 戱 : 희롱할 희, 놀 희, 연극 희. ▷ 惟 : 생각할 유, 오직 유. ▷ 勤 : 부지런할 근.

21.

太公(태공) 曰(왈) 瓜田(과전)에 不納履(불납리)하고 李下(이하)에 不正冠(부정관)이니라

太公 曰	태공이 말하기를,
瓜田에 不納履하고	"남의 외밭에서 신을 고쳐 신지 말고
李下에 不正冠이니라	오얏나무 밑에서는 갓을 고쳐 쓰지 말라."

* "군자는 오이 밭에서 신을 고쳐 신지 않고 오얏나무(자두나무) 아래서 갓을 고쳐 쓰지 않는다." 중국 양나라 소명태자가 문장가 130명의 작품을 엮은 '문선'의 '악부'편에서 군자가 행할 도리를 언급한 내용이다. 악을 저지르는 행위도 나쁘지만 쓸데없이 의심을 사 분란을 일으키는 언행도 그에 못지않은 문제라는 것이다. 남에게 비난을 받는 책임은 바로 자기 자신에게 있으니 언제나 몸가짐을 단정히 하고 항상 주변을 돌아보라는 세심한 충고이기도 하다. 자두는 한자어로 李(오얏나무 이)다. 李씨의 성을 최초로 쓴 이는 중국의 성인 중 하나로 추앙받는 노자인데 그의 이름은 李耳이었다. 태어날 때 오얏나무 아래서 태어났다 하여 나무 木자 아래 子를 넣어 오얏나무 李자를 만들었다고 한다.

▷ 瓜 : 오이 과. ▷ 納 : 들일 납, 바칠 납, 거둘 납. ▷ 履 : 신 리, 신을 리, 밟을 리. ▷ 李 : 오얏나무 리. ▷ 整 : 가지런할 정. 여기서 整 대신 正으로도 씀. ▷ 冠 : 갓 관.

22.

경행록 왈 심가일 형불가불로 도가락
景行錄에 曰 心可逸이언정 形不可不勞요 道可樂이

심불가불우 형불로즉태타이폐 심불우즉
언정 心不可不憂니 形不勞則怠惰易弊하고 心不憂則

황음부정고 일생어로이상휴 낙생어우이무염
荒淫不定故로 逸生於勞而常休하고 樂生於憂而無厭

일락자 우로 기가망호
하고 逸樂者는 憂勞를 豈可忘乎아

(23번까지 이어짐)

景行錄에 曰	경행록에 말하기를,
心可逸이언정	"마음 편하게 하더라도
形不可不勞요	몸은 수고하지 않을 수 없고,
道可樂이언정	도를 즐기더라도
心不可不憂니	마음은 걱정하지 않을 수 없으며,
形不勞則怠惰易弊하고	육신을 수고하지 않으면 게을러서 폐하기 쉽고
心不憂則荒淫不定故로	마음을 걱정하지 않으면 황음하게 되어 행동이 일정하지 않다.
逸生於勞而常休하고	그러므로 편안함은 수고하는 데서 생겨 언제나 즐길 수 있고,
樂生於憂而無厭하고	즐거움은 걱정하는 데서 생겨 싫음이 없으니
逸樂者는 憂勞를	편안하고 즐겁고자 하면 걱정과 수고로움을
豈可忘乎아	어찌 가히 잊어버리겠는가."

▷ 逸 : 편안할 일. ▷ 形 : 모양(형상) 형, 몸(육체) 형. ▷ 不可不 : ~하지 않을 수 없다. ▷ 則 : ~한다면, ~이면. ▷ 怠 : 게으를 태. ▷ 惰 : 게으를 타. ▷ 弊 : 폐단(폐해) 폐, 해질 폐, 곤할 폐(기운이 없이 느른하거나 정신이 가물가물한 모양). ▷ 淫 : 음란한 음 *荒淫 : 주색에 빠짐. ▷ 故로 : 그러므로, 때문에, 까닭에. ▷ 生於 : ~에서 생기다. ▷ 厭 : 싫을 염. ▷ 豈 : 어찌 기. 乎 : 의문형 어조사. ~겠는가?, ~인가? 豈~乎 : 어찌 ~할 수 있겠는가?(반어형).

23.

耳不聞人之非(이불문인지비)하고 目不視人之短(목불시인지단)하고 口不言人之過(구불언인지과)라야 庶幾君子(서기군자)니라

耳不聞人之非하고	귀로 남의 그릇됨을 듣지 말고
目不視人之短하고	눈으로 남의 단점을 보지 말며
口不言人之過라야	입으로 남의 과실을 말하지 말아야
庶幾君子니라	이것이 군자니라.

▷ 人 : 남, 타인. ▷ 過 : 허물 과. ▷ 庶 : 거의 서 幾 : 거의 기, 가까울 기. 庶幾 ~에 거의 가깝다, 거의 ~와 같다.

24.

채 백 개 왈 희 노 재 심 언 출 어 구 불 가 불 신

蔡伯皆 曰 喜怒는 在心하고 言出於口하니 不可不愼이니라

蔡伯皆 曰	채백개가 말하기를,
喜怒는 在心하고	“기쁨과 성냄은 마음에 있고
言出於口하니	말은 입 밖으로 나가니
不可不愼이니라	가히 삼가 하지 않을 수 없느니라.”

* 蔡伯皆(채백개) : 주자(朱子)의 사위로 알려졌다. 후한(後漢) 어(圉)지역 사람이다. 이름은 옹(邕). 성품이 지극히 효성스러웠으며, 젊어서부터 박학하고 사장(辭章), 술수(術數), 천문(天文)을 좋아하였다. 음률을 교묘히 조작하고 거문고를 잘 탔다. 벼슬은 의랑(議郎), 봉(封)은 고양후(高陽候). 가평중(嘉平中) 양사(楊賜)와 육경문자(六經文字)를 주정(奏定)하고 몸소 쓰고 비(碑)에 새겨 태학(太學) 문밖에 세웠다. 재이(災異)가 자주 일어남에 정황(程璜)에 의하여 원방에 귀양갔다. 다음에 사면되어 돌아와 강해(江海)에 망명하였다가 왕윤(王允) 때문에 옥사하게 되었다. 뒤에 좌중낭장(左中郎將)을 제수 받음. 저서에 『채중랑집(蔡中郎集)』이 있다.

▷ 出於 : ~에서 나오다. ▷ 不可不 : ~하지 않을 수 없다. ~하지 않으면 안 된다. ▷ 愼 : 삼갈 신.

25.

宰予 晝寢하니 子曰 朽木은 不可雕也요 糞土之墻은 不可圬也니라

宰予 晝寢하니	재여가 낮잠을 자니
子曰	공자께서 교훈하기를,
朽木은 不可雕也요	“썩은 나무는 조각할 수 없고
糞土之墻은 不可圬也니라	썩은 흙으로 된 담은 흙손질 할 수 없느니라.”

* 宰予(재여 : 기원전 511~?) : 공자의 제자로서 30여년 연하라고 한다. 노인(魯人) 즉 노나라 사람이다. 이름은 여(予), 자(字)는 자아(子我). 입이 가벼워 꾸중을 많이 들었다. ‘圬(오)’란 벽돌을 쌓고 나서 회칠을 할 때 쓰는 ‘미장용 도구’를 뜻하는데 보통 ‘흙손’이라고 부른다. ‘후목’은 오랫동안 비를 맞고 습기에 젖어서 썩어버린 목재로 이런 나무에는 조각을 할 수 없다.

▷ 재여는 공자의 제자. ▷ 朽 : 썩을 후. ▷ 雕 : 새길 조, 조각할 조 ≒ 彫. ▷ 也 : 종결형 어조사. ‘~이다’. ▷ 糞 : 똥 분 糞土 : 썩은 흙. ▷ 墻 : 담 장. ▷ 圬 : 흙손질할 오.

26.

紫虛元君 誠諭心文에 曰 福生於淸儉하고 德生於卑退하고 道生於安靜하고 命生於和暢하고 憂生於多慾하고 禍生於多貪하고 過生於輕慢하고 罪生於不仁하니라 戒眼하여 莫看他非하고 戒口하여 莫談他短하고 戒心하여 莫自貪嗔하고 戒身하여 莫隨惡伴하고 無益之言을 莫妄說하고 不干己事를 莫妄爲하고 尊君王孝父母하고 敬尊長奉有德하고 別賢愚恕無識하고 物順來而勿拒하며 物旣去而勿追하고 身未遇而勿望하고 事已過而勿思하라

聰明도 多暗昧요 算計도 失便宜니라 損人終自失하고 依勢禍相隨라. 戒之在心하고 守之在氣라 爲不節而亡家하고 因不廉而失位니라 勸君自警於平生하노니 可歎可警而可畏라 上臨之以天鑑하고 下察之以地祇라. 明有王法相繼하고 暗喩鬼神相隨라 惟政可守요 心佛可欺니 戒之戒之

紫虛元君誠諭心文에 曰	자허원군 성유심문에 말하기를,
福生於淸儉하고	"복은 맑고 검소한데서 생기고
德生於卑退하고	덕은 몸을 낮추고 겸손하고 사양하는 데에서 생기고
道生於安靜하고	도는 편안하고 고요한데서 이루어지며
命生於和暢하고	생명은 화창한데서 생기고
憂生於多慾하고	근심은 욕심이 많은데서 생기고
禍生於多貪하고	재앙은 탐욕이 많은 데에서 비롯되고
過生於輕慢하고	과실은 경솔하고 교만한데에서 생기고
罪生於不仁하니라	죄악은 어질지 못한데서 비롯되니
戒眼하여 莫看他非하고	눈을 경계하여 남의 그릇된 것을 보지 말고
戒口하여 莫談他短하고	입을 경계하여 다른 사람의 결점을 말하지 말고
戒心하여 莫自貪嗔하고	마음을 경계하여 스스로 탐내고 성내지 말며
戒身하여 莫隨惡伴하고	몸을 경계하여 나쁜 벗을 따르지 말라.
無益之言을	유익하지 않은 말은
莫妄說하고	함부로 하지를 말고
不干己事를	나에게 관계없는 일은
莫妄爲하고	함부로 하지를 말라
尊君王孝父母하고	임금을 높이고 부모에 효도하며
敬尊長奉有德하고	웃어른을 존경하고 덕이 있는 사람을 받들며
別賢愚恕無識하고	어질고 어리석음을 분별하고 무식한 자를 용서하라.
物順來而勿拒하며	물건이 순리대로 오거든 물리치지 말고

物旣去而勿追하고	사물이 이미 지나갔거든 쫓지 말며
身未遇而勿望하고	몸이 불우한 환경에 있더라도 바라지 말며
事已過而勿思하라	일이 이미 지났거든 생각하지 말라.
聰明도 多暗昧요	총명한 사람도 어두운 때가 많고
算計도 失便宜니라	치밀한 계획을 세워 놓았어도 편의를 잃은 수가 있다.
損人終自失하고	남을 손해하면 마침내 자기도 손 할 것이요
依勢禍相隨라.	세력에 의지하면 재앙이 따르리라.
戒之在心하고	경계하는 것은 마음에 있고
守之在氣라	지키는 것은 기운에 있다.
爲不節而亡家하고	굽히지 않음으로써 가문을 망치고
因不廉而失位니라	겸양하지 않음으로써 지위를 잃는다.
勸君自警於平生하노니	그대에게 평생을 두고 스스로 경계할 것을 권고하나니
可歎可警而可畏라	가히 놀랍게 여겨 생각할지니라.
上臨之以天鑑하고	위에는 하늘의 거울이 임하여 있고
下察之以地祗라.	아래에는 땅의 신령이 살피고 있다.
明有王法相繼하고	밝은 곳에는 삼법(왕법)이 이어 있고
暗喩鬼神相隨라	어두운 곳에는 귀신이 따르고 있다.
惟政可守요	오직 바른 마음으로서 지킬 수 있고
心佛可欺니	마음은 가히 속이지 못할 것이니
戒之戒之	경계하고 경계하라.

* 紫虛元君誠諭心文(자허원군성유심문) : '자허원군(紫虛元君)'은 도가에서 받드는 여자의 선인(仙人). '자허(紫虛)'는 하늘을 말한다. 운하가 햇빛에 비치어 자색이 되기 때문에 그렇게 말한 것이다. 원군(元君)은 여자의 신선을 아름답게 말한 것이다. '성유심문(誠諭心文)'은 정성으로 마음을 깨우쳐 주는 글

이란 뜻을 말한다. 또는 제목을 말한다. 삼법(三法 : 제법무아, 제행무상, 일체개고) : 삼보(三寶)에 있어서 다른 생각을 수(修)하는 자(者)를 말함.

▷ 生於 : ~에서 생기다. ▷ 儉 : 검소할 검. ▷ 卑 : 낮을 비. ▷ 退 : 물러날 퇴. ▷ 靜 : 고요할 정. ▷ 暢 : 화창할 창. 和暢 '온화하고 맑음'. ▷ 憂 : 근심할 우. ▷ 輕 : 가벼울 경. ▷ 慢 : 게으를 만, 오만할 만, 업신여길 만. ▷ 戒 : 경계할 계. ▷ 莫 : 말 막. ~하지 말라. ▷ 看 : 볼 간. ▷ 嗔 : 성낼 진. ▷ 隨 : 따를 수. 伴 : 짝 반 隨伴 '가까이하며 따르다', '함께 일어나거나 나타나다'. ▷ 妄 : 망령될 망. ▷ 干 : 간섭할 간. ▷ 尊 : 높을 존. 尊長 '웃어른, 어르신'. ▷ 順 : 좇을 순, 순할 순. ▷ 拒 : 막을 거. ▷ 遇 : 만날 우. ▷ 已 : 이미 이. ▷ 過 : ① 과오, 과실, 허물. ② 지나가다, 초월하다, 여유가 있다, 심하다. ▷ 聰 : 귀 밝을 총, 총명할 총. ▷ 昧 : 새벽 매, 어두울 매, 어리석을 매. ▷ 便 : 편할 편. 宜 : 마땅할 의. 便宜 '사용하거나 이용하는 데 편리함', '그때그때에 알맞은 조치'. ▷ 損 : 덜 손. ~에게 손해를 끼치다. ~을 손상시키다. ▷ 依 : 의지할 의. ▷ ~之在~ '~은 ~에 있다'. ▷ 爲 : 할 위, 될 위, 위할 위, 베풀 위. 因 : 연유, 까닭, 유래. 위의 문장에서 爲~, 因~ 는 모두 '~때문에'라는 뜻으로 이유를 나타낸다. ▷ 節 : 절약할 절. ▷ 廉 : 청렴할 렴, 검소할 렴. ▷ 勸 : 권할 권, 권장할 권. ▷ 君 : 그대 군, 자네 군. ▷ 警 : 경계할 경. 驚 : 놀랄 경. ▷ 歎 : 기릴 탄, 감탄할 탄. ▷ 畏 : 두려워할 외. ▷ 臨 : 임할 림, 내려다 볼 림, 비출 림 ▷ 鑑 : 거울 감. ▷ 臨之, 察之, 戒之의 之는 문장의 균형감과 안정감을 줌으로써 어세(語勢), 어기(語氣) 등을 고르기 위해 써준 허사(虛辭)에 불과하며, 무엇을 특별히 가리키는 대명사가 아니다. ▷ 祇 : 토지의 신기. ▷ 惟 : 오직 유.

6. 安分篇(안분편)

안분지족(安分之足)의 처세(處世)
: 분수를 지키면 욕됨이 없고 마음이 편안해진다.

1.

경행록 운 지족가락 무탐즉우
景行錄에 云하되 知足可樂이오 務貪則憂니라

(4번까지 이어짐)

景行錄에 云하되	경행록에 이르기를,
知足可樂이오	"넉넉함을 알면 가히 즐겁고
務貪則憂니라	탐하기를 힘쓰면 근심하게 되느니라."

* 본래 경행(景行)은 큰 길을 말함.

▷ 足 : 넉넉할 족, 족할 족. ▷ 務 : 힘쓸 무. ▷ 貪 : 탐할 탐.

2.

지족자 빈천역락 부지족자 부귀역우
知足者는 貧賤亦樂이오 不知足自는 富貴亦憂니라

知足者는 貧賤亦樂이오	만족을 아는 자는 가난하고 천하여도 또한 즐겁게 하고

不知足自는 富貴亦憂니라. 만족을 알지 못하는 자는 부귀해도 또한 근심하느니라.

▷ 賤 : 천할 천. ▷ 亦 : 또, 또한. ▷ 憂 : 근심할 우.

3.

남상 도상신 망동 반치화

濫想은 徒傷神이오 妄動은 反致禍니라

濫想은 徒傷神이오	쓸데없는 생각은 오직 정신만 상하게 하고
妄動은 反致禍니라	허망한 행동은 도리어 화만 이르게 하느니라.

▷ 濫 : 넘칠 람. 濫想 '쓸데없는 생각' '분수에 넘치는 생각'. ▷ 徒 : 다만 도, 헛될 도, 한갓 도. ▷ 神 : 정신 신, 혼 신. ▷ 妄 : 허망할 망, 망령될 망. ▷ 反 : 되받을 반, 되돌릴 반. ▷ 致 : 이를 치. 致禍 '재앙에 이르게 된다.' '재앙이 된다.'

4.

지족상족 종신불욕 지지상지 종신무치

知足常足이면 終身不辱하고 知止常止면 終身無恥니라

知足常足이면	만족을 알아 언제나 만족하면
終身不辱하고	한평생 욕되지 않고

知止常止면	그칠 줄을 알고 항상 그치면
終身無恥니라	종신토록 부끄러움이 없느니라.

▷ 常 : 항상 상. ▷ 辱 : 욕되게 할 욕, 욕보일 욕. ▷ 恥 : 부끄러울 치, 수치(羞恥), 치욕(恥辱).

5.

書(서)에 曰(왈) 滿招損(만초손)하고 謙受益(겸수익)이니라

書에 曰	서경에 말하기를,
滿招損하고	"가득차면 손실을 부르고
謙受益이니라	겸손하면 이익을 얻게 되느니라."

* 서는 『상서(尙書)』라고도 한다. 『서경』의 일부는 후대에 쓰였다고 밝혀졌지만 중국에서 가장 오래된 역사서이다. 모두 58편으로 이루어져 있는데, 그 중 33편을 『금문상서(今文尙書)』라 부르고 나머지 25편을 『고문상서(古文尙書)』라 한다. 『금문상서』는 원래 29편이었지만 일부를 분할하여 편수가 늘어났다. 대부분의 학자들은 이것을 B.C. 4세기 이전에 작성된 진본으로 생각하고 있다. 『고문상서』는 원래 16편으로 이루어져 있었지만 오래전에 소실되었다. 4세기에 나타난 모작(模作)은 원본의 제목을 붙인 16편에 9편을 더하여 모두 25편으로 이루어져 있다. 처음의 5편은 중국의 전설적인 태평시대에 나라를 다스렸다는 유명한 요(堯)·순(舜)의 말과 업적을 기록한 것이다. 6~9편은 하(夏 : B.C. 2205~1766)나라에 대한 기록이지만 역사적으로는 아직 불분명하다. 그 다음 17편은 은(殷)나라의 건국과 몰락(B.C. 1122)에 대한 기록인데, 은나라 멸망을 마지막 왕인 주왕(紂王)이 타락한 탓으로 돌리고 있다. 주왕은 포악하고 잔인하며 사치스럽고 음탕한 인물로 묘사되

어 있다. 마지막 32편은 B.C. 771년까지 중국을 다스렸던 서주(西周)에 대해 기록하고 있다.

▷ 招 : 부를 초. ▷ 謙 : 겸손할 겸.

6.

安分吟에 曰 安分身無辱이요 知機心自閑이니 雖居人世上이나 却是出人間이니라

安分吟에 曰	안분음에 말하기를,
安分身無辱이오	"편안하게 분수를 지키면 몸에 욕됨이 없고
知機心自閑이니	기틀을 알면 마음이 스스로 한가하게 되니
雖居人世上이나	비록 인간 세상에 살더라도
却是出人間이니라	도리어 인간세상은 벗어나는 것이니라."

* 안분음은 송나라 때의 시(詩)다.
* 옛날 고려 때 아버지의 권세만 믿고 으스대던 아들이 있었다. 어느 날 아버지가 투옥되자 그 많은 혼처도 한 번에 끊기고, 아들은 죄인의 자식으로 살아갈 수밖에 없었다. 그런데 모두가 손가락질하는 그를 변함없이 사랑하는 처녀가 있었다. 가난한 집안에 수수한 용모였지만 언제나 따뜻하게 그를 대해 주었다. 두 사람이 백년가약을 맺을 무렵 아버지가 갑자기 풀려나게 되어 주변에는 다시 사람들이 몰려들기 시작했다. 아들은 돌변하여 가장 힘겨울 때 곁에 있어준 처녀를 버리고 부잣집 딸과 약혼을 해버렸다. 그런데 얼마 못 가 새로운 죄가 밝혀진 아버지가 다시 투옥되었고, 새 약혼녀는 물론 사람들의 발길이 다시 끊어졌다. 아들은 그제야 옛 여인의 참사랑을 깨닫고

달려갔다. 하지만 그 처녀는 이미 결혼한 뒤였다. 허탈감과 회한에 빠진 아들은 시름시름 앓던 끝에 결국 죽고 말았다는 이야기가 있다.

▷ 機 : 베틀 기, 기미 기. 여기서는 세상이 돌아가는 기미, 형편의 뜻. 기틀(일의 가장 중요한 요점이나 계기)이라고 풀이하기도 함. ▷ 閑 : 한가할 한. ▷ 雖 : 비록 수. ▷ 却 : 물리칠 각. 是 : ~이다. 却是 : '도리어 ~이다'.

7.

자왈 부재기위 불모기정

子曰 不在其位하면 不謀其政이니라

子曰	공자가 말씀하기를,
不在其位하면	"그 지위에 있지 않으면
不謀其政이니라	그 정사를 꾀하지 않느니라."

▷ 謀 : 꾀할 모. 정사를 의논하다. ▷ 政 : 정사 정. 나라를 다스리는 일.

7. 存心篇(존심편)

인의(仁義)의 마음 지키기를 성(城) 지키듯이 하라.

1.

경행록 운 좌밀실 여통구 어촌심 여
景行錄에 云하되 坐密室을 如通衢하고 馭寸心을 如
육마 가면과
六馬하면 可免過니라

景行錄에 云하되	경행록에 이르기를,
坐密室을 如通衢하고	"밀실에 앉아 있어도 네거리를 통하는 것 같이 하고,
馭寸心을 如六馬하면	작은 마음 누르기를 여섯 말이 끄는 수레 부리듯 하면
可免過니라	가히 허물을 면할 수 있느니라."

▷ 坐 : 앉을 좌. 座 : 자리 좌. ▷ 密室(사방이 막혀 있는 곳) ↔ 通衢(사방이 뚫린 곳). ▷ 衢 : 네거리 구. ▷ 馭 : 말 부릴 어, 다스릴 어. ▷ 寸 : 마디 촌, 작을 촌. 길이의 단위로 一寸은 一尺의 1/10. ▷ 六馬 : '여섯 마리의 말이 끄는 수레'로도 풀이함. ▷ 過 : 허물 과.

2.

擊壤詩에 云하되 富貴를 如將智力求이면 仲尼도 年少合封侯라 世人은 不解靑天意하고 空使身心半夜愁이니라

擊壤詩에 云하되	격양시에 이르기를,
富貴를 如將智力求이면	"부귀를 장차 지혜로 구할 수 있다면
仲尼도 年少合封侯라	중니는 젊은 나이에 제후에 봉해졌을 것이고,
世人은 不解靑天意하고	세상 사람은 푸른 하늘의 뜻을 알지 못하고
空使身心半夜愁이니라	헛되게 몸과 마음으로 하여금 한밤에 근심하게 하느니라."

* 중니는 공자를 말함.
* 擊壤詩(격양시) : 송나라 강절(康節) 소옹(邵雍)의 시이다. 그의 저서『伊川擊壤集(이천격양집)』20권에 들어 있는데, 그 스스로 농사를 지으면서 이런 시를 지었다고 한다. 擊壤歌(격양가)는 풍년이 들어 농부가 태평(太平)한 세월(歲月)을 구가(謳歌)하는 노래.

▷ 如 : 만약 ~한다면(=若). ▷ 將 : ~로써, ~을 가지고. 장계취계(將計就計). ▷ 合 : 맞을 합, 합당할 합. 합리(合理). ▷ 解 : ~을 깨닫다. ~을 이해하다. ▷ 空 : 헛되이, 부질없이, 공연히. ▷ 使 : 하여금 사, 부릴 사. '~로 하여금 ~하게 하다'. ▷ 半夜 = 中夜 '한밤중'. ▷ 愁 : 근심 수.

3.

범충선공 계자제왈 인수지우 책인즉명 수
范忠宣公이 戒子弟曰, 人雖至愚나 責人則明하고 雖

유총명 서기즉혼 이조 단당이책인지심
有聰明이나 恕己則昏이니 爾曹는 但當以責人之心으

책기 서기지심 서인즉 불환부도성현지
로 責己하고 恕己之心으로 恕人則 不患不到聖賢地

위야
位也이니라

范忠宣公이	범충선공이
戒子弟曰	자제들을 경계하여 말하기를,
人雖至愚나	"비록 지극히 어리석은 사람도
責人則明하고	다른 사람 책망에는 밝고,
雖有聰明이나	비록 총명한 자도
恕己則昏이니	자기를 용서함에는 어두우니
爾曹는 但當以責人之心으로	너희들은 다만 마땅히 책망하는 마음으로
責己하고	자기를 책망하고
恕己之心으로	자기를 용서하는 마음으로
恕人則	남을 용서한다면
不患不到聖賢地位也이니라	성현의 지위에 이르지 못하는 근심은 없느니라."

* 범충선은 북송(北宋)시대(760~1126) 재상(宰相). 이름은 순인(純仁), 자는 요부(堯夫), 시호는 충선공. 명신 범중엄(范仲淹)의 아들. 지극히 효성스러웠으며, 충직하고 후덕하였음.

▷ 雖 : 비록 수. ▷ 至 : 지극할 지. ▷ 責 : 꾸짖을 책. ▷ 恕 : 용서할 서. ▷ 昏 : 어두울 혼. ▷ 爾 : 너 이. 曹 : 무리 조. 爾曹는 '너희들' 兒曹는 '아이

들, 자식들'. ▷ 但 : 다만 단, 무릇 단. ▷ 則 : 곧 ~이면. ▷ 患 : ~을 걱정하다. ▷ 到 : 이를 도.

4.

子曰 聰明思睿도 守之以愚하고, 功被天下라도 守之以讓하고 勇力振世라도 守之以怯하고 富有四海라도 守之以謙이니라

子曰	공자가 말씀 하시기를,
聰明思睿라도	"총명하고 생각이 슬기로워도
守之以愚하고	어리석음으로 지켜야 하고,
功被天下라도	공이 천하를 덮더라도
守之以讓하고	겸양하는 마음으로 지켜야 하고,
勇力振世라도	용맹이 세상에 떨치더라도
守之以怯하고	겁내는 마음으로 지켜야 하며,
富有四海라도	부유한 것이 사해를 차지하더라도
守之以謙이니라	겸손함으로써 지켜야 하느니라."

▷ 睿 : 밝을 예. ▷ 被 : 이불 피, 입을 피, 미칠 피. ▷ 讓 : 사양할 양. ▷ 振 : 떨칠 진. ▷ 怯 : 겁낼 겁. ▷ 四海 : 사방의 바다, 온 세상을 말함. ▷ 謙 : 겸손할 겸.

5.

소서 운 박시후망자 불보 귀이망천자 불
素書에 云 薄施厚望者는 不報하고 貴而忘賤者는 不

구
久니라

(6번까지 이어짐)

素書에 云	소서에 이르기를,
薄施厚望者는	“박하게 베풀고 후하게 바라는 자는
不報하고	보답이 없고
貴而忘賤者는	귀하다고 천함을 잊어버린 자는
不久니라	오래가지 못하느니라.”

* 素書 : 진(秦)나라 때의 병가(兵家)인 황석공(黃石公)이 장량에게 준 병서. 흔히 『黃石公素書』라고 함.

▷ 薄 : 엷을 박. ▷ 施 : 베풀 시. ▷ 厚 : 두터울 후. ▷ 望 : 바랄 망. ▷ 久 : 오랠 구.

6.

시은물구보 여인물추회
施恩勿求報하고 與人勿追悔하라

施恩勿求報하고	은혜를 베풀면 보답을 구하지 말고
與人勿追悔하라	남에게 주었거든 후회하지 말지니라.

▷ 與 : 줄 여. ▷ 追 : 따를 추, 쫓을 추. ▷ 悔 : 뉘우칠 회, 후회할 회.

7.

孫思邈(손사막)이 曰(왈) 膽欲大而心欲小(담욕대이심욕소)하고 知欲圓而行欲方(지욕원이행욕방)이니라

(9번까지 이어짐)

孫思邈이 曰	손사막이 말하기를,
膽欲大而心欲小하고	"담력은 크게 가지도록 하되
知欲圓而行欲方이니라	욕심은 적게 해야 한다."

* 손사막은 중국 당대(唐代 : 618~907)의 의학자. 화원(華原 : 지금의 산시성(陝西省) 야오 현(耀縣) 사람이다. 일생 동안 의학연구에 정력을 쏟았다. 『천금요방(千金要方)』·『천금익방(千金翼方)』 각 30권을 저술하여 각종 질병 수백 종에 대하여 논술하고, 질병의 예방·치료에 관한 처방을 거의 1만여 첩(帖)이나 수집하여 중국 최초의 임상백과전서를 만들었다. 그가 논한 아래 턱뼈 탈구의 치료원칙은 현대와 다름이 없다. 또한 파의 잎을 사용한 도뇨술(導尿術)을 발명했다. 동물의 갑상선·해조류 등에 함유된 요오드를 포함한 약물로 갑상선 부종을 치료할 것과 비타민 A가 함유된 동물의 간으로 야맹증을, 비타민 B가 함유된 왕겨를 끓인 죽으로 각기병을 예방·치료할 것을 주장했다. 당뇨병 환자의 소변이 달다는 것을 최초로 발견함으로써 당뇨병의 진단·감별 근거로 삼는 동시에 당뇨병 환자에게는 침을 놓거나 뜸을 뜨지 말도록 경고했다. 이것은 당뇨병의 예방·치료와 증상 발굴 면에서 탁월한 성과를 올린 것이다. 그밖에도 나병·결핵·콜레라·이질 등의 전염병에 대해서도 뛰어난 논술을 남겼다. 건강이 운동에 달렸음을 강조하고 보건체조·생활환경·식이요법·약물요법 등의 노년기 보건방법을 주장했다. 약학·침구학(針灸學)에서 모두 큰 공헌을 했다.

▷ 膽 : 쓸개 담, 담력 담. ▷ 圓 : 둥글 원. ▷ 方 : 바를 방.

8.

염 염 요 여 임 전 일 심 심 상 사 과 교 시
念念要如臨戰日하고 心心常似過橋時하라

念念要如臨戰日하고	생각은 언제나 전쟁터에 나아가는 날과 같이 하고
心心常似過橋時하라	마음은 항상 다리를 건너는 때와 같이 하라.

▷ 念念, 心心 생각마다(모든 생각에), 마음마다(모든 마음에). ▷ 要 : ~해야 한다. ~하는 것이 요구된다. ▷ 臨 : 임할 림. ▷ 似 : 같을 사. ▷ 過 : 지날 과. ▷ 橋 : 다리 교.

9.

구 법 조 조 락 기 공 일 일 우
懼法 朝朝樂이오 欺公日日憂니라

懼法 朝朝樂이오	법을 두려워하면 아침마다 즐겁고
欺公日日憂니라	공적인 것을 속이면 날마다 근심하느니라.

▷ 懼 : 두려워할 구. ▷ 朝朝, 日日 아침마다, 날마다. ▷ 欺 : 속일 기. ▷ 公 : 공변될 공. "공공(公共), 공중(公衆)"의 뜻.

10.

주 문 공 왈 수 구 여 병 방 의 여 성
朱文公이 曰 守口如瓶하고 防意如城하라

(12번까지 이어짐)

朱文公이 曰	주문공이 말하기를,
守口如甁하고	"입을 지키는 것을 병과 같이 하고
防意如城하라	뜻 막기를 성 지키는 것 같이 하라."

* 주문공은 주자를 말하는데 주자학을 집대성하여 중국 사상계에 가장 큰 영향을 미쳤다. 이름은 희(熹), 자는 원회(元晦)·중회(仲晦), 호는 회암(晦庵)·회옹(晦翁)·운곡노인(雲谷老人)·둔옹(遯翁). 문은 시호이고 공은 존칭이다. 사람은 세치의 혀로 화를 부르기도 하고 복을 부르기도 한다. 그래서 말을 조심하라는 말이다. 그리고 뜻을 막기를 성을 지키는 것처럼 굳게 하라고 한다. 불교에서는 삼업(三業 : 身口意)이라 하여 몸으로 짓는 죄, 입으로 짓는 죄, 그리고 뜻으로 짓는 죄를 경계한다.

▷ 甁 : 병 병. 입구가 좁은 병처럼 말을 삼가라는 뜻. ▷ 防 : 막을 방.
▷ 意 : 마음 먹은 생각.

11.

심불부인 면무참색
心不負人이면 面無慙色이니라

心不負人이면	마음이 남들에게 부담이 없으면
面無慙色이니라	얼굴에 부끄러운 빛이 없느니라.

▷ 負 : 질 부. 책임을 지다, ~을 등지다, ~을 저버리다. ▷ 慙 : 부끄러울 참.

12.

인무백세인 왕작천년계
人無百歲人이나 枉作千年計니라

人無百歲人이나 사람이 백 살을 사는 일이 없건만
枉作千年計니라 부질없이 천년의 계획을 세우느니라.

▷ 枉 : 굽을 왕, 억울할 왕. 부사로는 '왜곡하여, 왜곡되게'. ▷ 作 : 지을 작, 일으킬 작. ▷ 計 : 꾀, 계략, 계획.

13.

寇萊公六悔銘에 云하되 官行私曲失時悔요 富不儉用貧時悔요 藝不少學過時悔요 見事不學用時悔요 醉後狂言醒時悔요 安不將息病時悔니라

寇萊公六悔銘에 云하되 구래공의 육회명에 이르기를,
官行私曲失時悔요 "공직자가 부정하면 벼슬을 잃고 후회하며,
富不儉用貧時悔요 부자일 때 아껴 쓰지 않으면
藝不少學過時悔요 가난해졌을 때 후회하고,
見事不學用時悔요 일을 보고 배우지 않으면 필요하게 되었을 때 후회하고,
醉後狂言醒時悔요 취중에 함부로 말하면 술이 깨었을 때 후회하고,
安不將息病時悔니라 건강할 때 휴식하지 않으면 병이 들었을 때 후회하느니라."

* 구래공(寇萊公 : 961~1023) : 북송(北宋) 초 진종 때의 시인, 재상, 정치가, 이름은 준(準), 자는 평중(平仲), 시호는 충민(忠愍)이다. 지금의 산서성(山西省) 화저우(華州)에서 태어났다. 추밀원직학사(樞密院直學士), 염철판관(鹽鐵

判官)을 거쳐 래국공(萊國公)에 봉해진 까닭에 구래공(寇萊公)이라고 불렀다. 육회명은 여섯 가지 후회할 일에 관한 명문(銘文)을 말함.

▷ 관행(官行) : 관리로서 관직에 있을 때. ▷ 사곡(私曲) : 사사로운 이익을 취하고 부정한 일을 행하는 것. ▷ 실시(失時) : 실직했을 때. ▷ 회(悔) : 뉘우치다. ▷ 검용(儉用)) : 절약하다. ▷ 예(藝) : 기예. 기능. ▷ 과시(過時) : 시간이 지나서. ▷ 견사(見事) : 일을 보면. ▷ 용시(用時) : 여기서 마땅히 일을 처리할 때. ▷ 광언(狂言) : 전혀 이치에 맞지 않는 말. 즉 망언(妄言) ▷ 狂 : 미칠 광. ▷ 醒 : 깰 성. ▷ 將 : 기를 장. ▷ 息 : 쉴 식. ▷ 官 : 벼슬 관. ▷ 時 : ~할 때. ▷ 將息 : 휴식을 취하며 건강에 힘씀 = 攝生(섭생), 養生(양생).

14.

익지서 운 영무사이가빈 막유사이 가
益智書에 云하되 寧無事而家貧이언정 莫有事而 家
부 영무사이주모옥 불유사이주금옥 영무병이
富요 寧無事而住茅屋 不有事而住金屋이고 寧無病而
식추반 불유병이복양약
食麤飯이언정 不有病而服良藥이니라

(15번까지 계속)

益智書에 云하되	익지서에 이르기를,
寧無事而家貧이언정	"차라리 아무 사고 없이 집이 가난할지언정
莫有事而 家富요	사고 있으면서 집이 부유하지 말 것이요,
寧無事而住茅屋	차라리 사고 없이 초가집에서 살지언정
不有事而住金屋이고	사고 있으면서 좋은 집에 살지 말 것이요,
寧無病而食麤飯이언정	차라리 병이 없이 거친 밥을 먹을지언정
不有病而服良藥이니라	병이 있어 좋은 약을 먹지 말 것이다."

▷ 寧 : 차라리 녕. 寧 ~ 莫(不) : 차라리 ~할지언정 ~하지 말라. ▷ 茅 : 띠 모. 茅屋 : 띠나 이엉 등으로 엮어 만든 집. ▷ 麤 : 거칠 추. ▷ 服 : 약 먹을 복. 복용(服用)하다.

15.

심 안 모 옥 온　성 정 채 갱 향
心安茅屋穩이오 性定菜羹香이니라

心安茅屋穩이오	마음이 안정하면 초가집도 안온하고
性定菜羹香이니라	성품이 안정되면 나물국도 향기로우니라.

▷ 穩 : 평온할 온. ▷ 菜 : 나물 채. ▷ 羹 : 국 갱.

16.

경 행 록　운　책 인 자　부 전 교　자 서 자　불 개
景行錄에 云하되 責人者는 不全交요 自恕者는 不改

과
過니라

(20번까지 이어짐)

景行錄에 云하되	경행록에 이르기를,
責人者는	"남을 책망하는 자는
不全交요	사귐을 온전히 하지 못하고
自恕者는	스스로 용서하는 자는
不改過니라	허물을 고치지 못하느니라."

▷ 責 : 꾸짖을 책. ▷ 全 : 온전할 전. ▷ 恕 : 용서할 서. ▷ 過 : 허물 과.

17.

숙흥야매 소사충효자 인수부지 천필지지 포
夙興夜寐는 所思忠孝者요 人雖不知나 天必知之라 飽

식난의 이연자위자 신수안 기여자손
食煖衣하여 怡然自衛者는 身雖安하나 其如子孫에

하
何오

夙興夜寐는	아침 일찍 일어나서부터 밤에 잘 때까지
所思忠孝者요	언제나 충과 효를 생각하는 자는
人雖不知나	사람이 알지 못하더라도
天必知之라	하늘이 반드시 알고
飽食煖衣하여	배불리 먹고 따뜻한 옷 입고 편안하게
怡然自衛者는	자기만을 보호하는 자는
身雖安하나	몸은 비록 편안하지만
其如子孫에 何오	그 자손을 어찌 할 것이오?

* 퇴계의 숙흥야매잠(夙興夜寐箴) : 1. 닭이 울어 잠을 깨면 이러저러한 생각이 점차로 일어나게 된다. 어찌 그 동안에 조용히 마음을 정돈하지 않겠는가! 또는 과거의 허물을 반성하기도 하고, 또는 새로 깨달은 것을 생각해 차례로 조리를 세우며 분명하게 이해하여 두자. 2. 근본이 세워졌으면 새벽에 일찍 일어나 세수하고 빗질하고 의관을 갖추고, 단정히 앉아 안색을 가다듬은 다음, 이 마음 이끌기를 마치 솟아오르는 해와 같이 밝게 한다. 엄숙히 정제하고 마음의 상태를 허명정일(虛明靜一)하게 가질 것이다.

▷ 夙 : 일찍 숙. ▷ 興 : 일어날 흥. ▷ 寐 : 잠잘 매. ▷ 所 ~ 者 '~하는 사람, ~하는 것'. ▷ 怡 : 기뻐할 이. ▷ 然 : 그러할 연. 어떠한 상태나 모양을 나타낸다. 怡然 : 기뻐하는 모양. ▷ 如 ~ 何 : '어떻게 할 것인가?, 어찌할까?, 어찌하여, 어찌한가?'

18.

以愛妻子之心으로 事親則曲盡其孝요 以保富貴之心으로 奉君則無往不忠이오 以責人之心으로 責己則寡過요, 以恕己之心으로 恕人則全交니라

以愛妻子之心으로　처자를 사랑하는 마음으로
事親則曲盡其孝요　어버이를 섬기면 효성이 극진하고
以保富貴之心으로　부귀를 보존하는 마음으로
奉君則無往不忠이오　임금을 받들면 충직하지 않을 자 없고
以責人之心으로　남을 책망하는 마음으로
責己則寡過요　자기를 책망하면 허물이 적을 것이며
以恕己之心으로　자기를 용서하는 마음으로 남을 용서한다면
恕人則全交니라　사귐을 온전하게 할 수 있을 것이니라.

▷ 事 : 섬길 사. ▷ 親 : 어버이 친. ▷ 曲盡 : 마음과 정성이 지극함. ▷ 無不~ : '~하지 않는 것이 없다.' 無往不~ : '어디에 가더라도 ~하지 않음이 없다.' 이중부정을 나타내는 것으로서, 이중부정은 강한 긍정을 뜻한다. 따라서 '언제나 ~한다'의 뜻. ▷ 寡 : 적을 과. ▷ 恕 : 용서할 서.

19.

爾謀不臧이면 悔之何及하며 爾見不長이면 敎之何益이니라 利心專則背道요 私意確則滅公이니라

爾謀不臧이면	너의 꾀가 옳지 못하면
悔之何及하며	후회한들 어찌 미치며
爾見不長이면	너의 견해가 훌륭하지 못하면
教之何益이니라	가르친들 무슨 유익함이 있으리오.
利心專則背道요	이를 생각하는 마음으로 오로지 한다면 도에 어긋나고
私意確則滅公이니라	사사로운 뜻이 확고하면 공적 사업이 멸하게 되느니라.

▷ 爾 : 너 이. ▷ 謀 : 꾀할 모, 도모할 모. 계략, 술책, 권모술수. ▷ 臧 : 착할 장. ▷ 及 : 미칠 급. 何及 : 아무 소용없다. ▷ 長 : 뛰어날 장, 잘할 장. ▷ 專 : 오로지 전. 專則 ; 오로지 ~하면. ▷ 背 : 등 배, 배반할 배. ▷ 確 : 굳을 확.

20.

生事事生이요 省事事省이니라

(생사사생 성사사성)

生事事生이요	일을 만들면 일이 생겨 성공하게 되고
省事事省이니라	일을 생략하면 일이 없어지느니라.

▷ '生事事生'에서 앞이 生은 '날 생, 낳을 생', 뒤의 生은 '~가 생기다'
▷ 省 : 덜 생, 줄일 생. 생략(省略). '살필 성'의 뜻도 있어 뜻과 음이 두 가지다.

8. 戒性篇(계성편)

성품을 경계하도록 하는 경구들이 실려 있다.
참을 인(忍)자 셋이면 살인도 피하고, 참고 또 참으면
불행도 피해간다.

1.

景行錄에 云하되 人性이 如水하여 水一傾則不可復
이요 性一縱則不可反이니 制水者는 必以堤防하고
制性者는 必以禮法하니라

(4번까지 이어짐)

景行錄에 云하되	경행록에 이르기를,
人性이 如水하여	"사람의 성품은 물과 같아서
水一傾則不可復이요	한번 기울면 가히 돌이킬 수 없듯이
性一縱則不可反이니	성품이 한번 놓아지면 바로 잡을 수 없으니
制水者는	물을 잡으려는 자는
必以堤防하고	제방을 쌓음으로써
制性者는	성품을 옳게 하려면
必以禮法하니라	반드시 예법으로 하여야 되느니라."

▷ 傾 : 기울 경. ▷ 則 : ~하면. ▷ 不可 : ~할 수 없다, ~해서는 안 된다. ▷ 復 : 돌아올 복. ▷ 縱 : 놓을 종, 좇을 종. ▷ 反 : 되돌릴 반. ▷ 制 : 억제할 제, 제어할 제, 누를 제, 만들 제. ▷ 堤 : 방죽 제, 둑 제.

2.

忍一時之忿이면 免百日之憂니라
(인일시지분 면백일지우)

忍一時之忿이면	한때의 분한 것을 참아내면
免百日之憂니라	백날의 근심을 면하느니라.

▷ 忍 : 참을 인. ▷ 忿 : 성낼 분. 분한 마음. ▷ 免 : 면할 면.

3.

得忍且忍이오 得戒且戒하라 不忍不戒하면 小事成大니라
(득인차인 득인차계 불인불계 소사성대)

得忍且忍이오	참는 것을 얻어도 또 참고
得戒且戒하라	경계하는 것을 얻어도 또 경계하라,
不忍不戒하면	참지 않고 경계하지 않으면
小事成大니라	작은 일이 크게 되느니라.

▷ 得 : '가능'을 나타내는 말로 '~할 수 있다' ▷ 且 : 또 차.

4.

우탁생진노 개인리불통 휴첨심상화 지작
愚濁生嗔怒는 皆因理不通이라 休添心上火하고 只作

이변풍 장단 가가유 염량 처처동
耳邊風하라 長短은 家家有요, 炎凉은 處處同이라.

시비무실상 구경총성공
是非無實相하여 究竟摠成空이니라

愚濁生嗔怒는	어리석고 똑똑하지 못한 사람이 분노하고 성내는 것은
皆因理不通이라	다 이치에 통하지 못해서이다.
休添心上火하고	마음 위에 불길을 더하지 말고
只作耳邊風하라	다만 귓가에 스치는 바람같이 여기라.
長短은 家家有요	장점과 단점은 집집마다 있고
炎凉은 處處同이라	따뜻하고 서늘한 것은 곳곳이 다 같으니라.
是非無實相하여	시비는 진실성이 서로 없어서
究竟摠成空이니라	마침내는 모두 다 빈 것이 되느니라.

▷ 濁 : 흐릴 탁 .▷ 生 : ~을 낳다, 생기게 하다. ▷ 嗔 : 성낼 진. *嗔怒(진노) : 성내어 노여워함. ▷ 皆 : 다 개. ▷ 因 : 인할 인 '~때문에, ~으로 인하여' ▷ 休 : 그칠 휴, 그만둘 휴. 금지의 뜻. ▷ 添 : 더할 첨. ▷ 只 : 다만 지. ▷ 作 : 삼을 작, 만들 작. ~로 삼다, ~로 여기다. ▷ 耳邊風 : 귓가에 이는 바람. ▷ 炎 : 불꽃 염, 뜨거울 염. ▷ 凉 : 서늘할 량. *납량(納凉) : 여름에 시원한 곳에 나가서 바람을 쐬는 것. ▷ 실상(實相) : 실제의 모습, 만물의 있는 그대로의 모습 ↔ 가상(假相). ▷ 究 : 끝 구, 다할 구. 竟 : 다할 경, 마침내 경. *究竟 : 결국, 필경, 마침내. ▷ 摠 : 다 총, 모두 총 = 總.

5.

子張(자장)이 欲行(욕행)하야 辭於夫子(사어부자)할새 願賜一言爲修身之美(원사일언위수신지미)한데 子曰(자왈) 百行之本(백행지본)이 忍之爲上(인지위상)이니라

子張(자장)이 曰(왈) 何爲忍之(하위인지)니까?

子曰(자왈) 天子忍之(천자인지)면 國無害(국무해)하고 諸侯忍之(제후인지)면 成其大(성기대)하고 官吏忍之(관리인지)면 進其位(진기위)하고 兄弟忍之(형제인지)면 家富貴(가부귀)하고 夫妻忍之(부처인지)면 終其世(종기세)하고 朋友忍之(붕우인지)면 名不廢(명불폐)하고 自身忍之(자신인지)면 無禍害(무화해)니라

子張이 欲行하야	자장이 떠나가고자 하여
辭於夫子할새	공자께 하직을 고하면서 말하기를,
願賜一言爲修身之美한데	"수신에 가장 좋은 말씀 주시기를 원합니다."
子曰 百行之本이	공자가 말씀하기를, "모든 행동의 근본은
忍之爲上이니라	참는 것이 으뜸이 되느니라."
子張이 曰 何爲忍之니까?	자장이 말하기를 "어떤 것이 참는 것입니까?"
子曰	공자가 말씀하기를,
天子忍之면 國無害하고	"천자가 참으면 나라에 해가 없고,
諸侯忍之면 成其大하고	제후가 참으면 큰 나라를 이룩하고,
官吏忍之면 進其位하고	관리가 참으면 지위가 올라가게 되고,
兄弟忍之면 家富貴하고	형제가 참으면 집안이 부귀하게 되고,

夫妻忍之면 終其世하고　　부부가 참으면 평생은 해로하고,
朋友忍之면 名不廢하고　　친구들이 서로 참으면 명예가 깎이지 않고,
自身忍之면 無禍害니라　　자신이 참으면 재앙이 없게 되느니라."

* 자장(子張) ; 성은 전손(顓孫), 이름은 사(師), 자장은 그의 자(字)다. 공자의 제자다.

▷ 辭 : 말씀 사, 사양할 사, 물러날 사. 여기서는 '하직할 사'로 쓰임. ▷ 夫子 : 덕행이 높아 만인의 스승이 될 만한 사람을 높여 부르는 말. 공자만을 특히 더 높여 공부자라고 부른다. ▷ 願 : 원할 원, 바랄 원. ▷ 賜 : 줄 사. ▷ 爲 : ~으로 삼다, 여기다, 생각하다. ▷ "忍之爲上"에서 之는 '~이, ~가' 爲는 '될 위' ▷ 何爲 : 무엇을 위하여?, 왜? ▷ 廢 : 폐할 폐, 버릴 폐, 부서질 폐, 그만둘 폐.

6.

子張이 曰 不忍則如何닛고 子曰 天子不忍이면 國空虛하고 諸侯不忍이면 喪其軀하고 官吏不忍이면 刑法誅하고 兄弟不忍이면 各分居하고 夫妻不忍이면 令子孤하고 朋友不忍이면 情意疎하고 自身이 不忍이면 患不除니라 子張이 曰 善哉善哉라여 難忍難忍이여 非人不忍이요 不忍非人이로다

子張이 曰	자장이 말씀 올리기를,
不忍則如何닛고	"만약에 참지 않으면 어떻게 됩니까?"
子曰	공자가 말씀하시기를,
天子不忍이면 國空虛하고	"천자가 참지 못하면 나라가 공허해지고,
諸侯不忍이면 喪其軀하고	제후가 참지 못하면 그 몸을 잃게 되고,
官吏不忍이면 刑法誅하고	관리가 참지 못하면 법의 심판을 받고,
兄弟不忍이면 各分居하고	형제가 참지 못하면 제각기 헤어져 살게 되고,
夫妻不忍이면 令子孤하고	부부가 참지 못하면 사랑하는 자식이 고아가 되고,
朋友不忍이면 情意疎하고	친구 간에 참지 못하면 정의가 멀어지고,
自身이 不忍이면	자신이 참지 못하면
患不除니라	근심이 떠나지 않느니라."
子張이 曰	자장이 말하기를,
善哉善哉라여	"참으로 좋고도 좋으신 말씀이십니다.
難忍難忍이여	아아 참는 것은 정말로 어렵도다.

非人不忍이요	사람이 아니면 참지 못할 것이오.
不忍非人이로다	참지 못할 것 같으면 사람이 아니로다.”

▷ 空 : 빌 공. ▷ 虛 : 빌 허. ▷ 喪 : 죽을 상, 잃을 상. ▷ 軀 : 몸 구. ▷ 刑 : 형벌 형. ▷ 誅 : 벨 주. ▷ 令 : ~하게 하다 = 使. ▷ 孤 : 외로울 고. ▷ 疎 : 멀 소, 성길 소. ▷ 除 : 덜 제. ▷ 哉 : 감탄의 뜻을 나타내는 어조사.

7.

景行錄에 云하되 屈己者는 能處重하고 好勝者는 必遇敵이니라

(10번까지 이어짐)

景行錄에 云하되	경행록에 이르기를,
屈己者는	“자기를 굽히고 낮출 줄 아는 자는
能處重하고	능히 중요한 지위에 처할 수 있고
好勝者는	이기기만을 좋아하는 자는
必遇敵니라	반드시 적을 만나게 되느니라.”

▷ 屈 : 굽을 굴, 굽힐 굴. ▷ 處 : 처할 처, 처리할 처. ▷ 遇 : 만날 우.

8.

惡人이 罵善人이거든 善人이 摠不對하라

不對는 心淸閑이오 罵者는 口熱沸니라 正如人唾天

하여 還從己身墜니라

惡人이 罵善人거든	악인이 착한 이를 꾸짖거든
善人이 摠不對하라	착한 사람은 다 대꾸하지 말라.
不對는	대꾸하지 않은 사람은
心淸閑이오	마음이 맑고 한가해지고,
罵者는	꾸짖는 자는
口熱沸니라	입에 불이 붙는 것처럼 뜨겁게 끓어 오르니라.
正如人唾天하여	이는 마치 사람이 누워서 하늘 보고 침 뱉는 것 같아서
還從己身墜니라	그것이 도로 자기 몸에 떨어지느니라.

▷ 罵 : 욕할 매, 꾸짖을 매. *罵倒(매도). ▷ 摠 = 總 모두 총. ▷ 對 : 대답할 대, 대할 대. ▷ 熱 : 더울 열, 뜨거울 열, 탈 열. ▷ 沸 : 끓을 비. *沸騰(비등). ▷ 正 : 여기에서는 부사로 쓰여 '바로'의 뜻. '正如~'는 '바로(꼭) ~과 같다'의 뜻. ▷ 唾 : 침 타, 침 뱉을 타. ▷ 還 : 부사로 쓰였다. '도로, 도리어, 다시'. ▷ 從 : 좇을 종. ▷ 墜 : 떨어질 추.

9.

아 약 피 인 매　양 롱 불 분 설　비 여 화 소 공　불
我若被人罵라도　佯聾不分說하라　譬如火燒空하여　不

구 자 연 멸　아 심 등 허 공　총 이 번 순 설
救自然滅이라　我心等虛空이어늘　摠爾飜脣舌이니라

我若被人罵라도	내가 만약 남으로부터 꾸짖음을 듣더라도
佯聾不分說하라	거짓으로 귀먹은 체하고 못들은 체 하라.
譬如火燒空하여	비유하건데 불이 아무것도 없는데서 타다가
不救自然滅이라	끄지 않아도 자연히 멸하여 꺼지는 것과 같다.
我心等虛空이어늘	내 마음은 텅 비어 있거늘
摠爾飜脣舌이니라	그의 입술과 혀만이 모두 쉬지 않고 반복되어 되풀이 될 것이니라.

▷ 若 : 같을 약, 만일 약 = 如. ▷ 被 : 입을 피, 미칠 피. ▷ 佯 : 거짓 양. 거짓으로 ~인 체하다. ▷ 聾 : 귀머거리 롱. ▷ 譬 : 비유할 비. 譬如~ : 비유컨대 ~와 같다.

▷ 燒 : 불사를 소, 탈 소. ▷ 救 : '막다, 못하게 하다'의 뜻도 있으므로 救火는 불을 끈다는 의미. ▷ 爾 : 너 이. ▷ 飜 : 뒤집을 번, 엎어질 번. ▷ 脣 : 입술 순. ▷ 舌 : 혀 설.

10.

凡事留人情이면 後來에 好相見이니라

(범사유인정 후래 호상견)

凡事留人情이면	모든 일에 인정을 남겨두면
後來에	뒷날 만났을 때는
好相見이니라	좋은 낯으로 서로 보게 되느니라.

▷ 凡 : 무릇 범, 모두 범. ▷ 留 : 머무를 류. ~을 유보(留保)하다, ~을 남겨두다.

9. 勤學篇(근학편)

널리 배우기를 힘써 뜻을 굳게 가져라.

1.

자하왈 박학이독지 절문이근사 인재기중의

子夏曰 博學而篤志하고 切問而近思면 仁在其中矣니라

子夏曰	자하가 말하시기를,
博學而篤志하고	“널리 배우고 뜻을 독실하게 하며
切問而近思면	간절하게 묻고 깊이 생각한다면
仁在其中矣니라	인은 그 가운데 있다.”

* 子夏는 孔子의 제자.

▷ 博 : 넓을 박. ▷ 篤 : 도타울 독, 굳을 독. ▷ 切 : 끊을 절, 간절할 절, 절실할 절. A+在+B= A가 B에 있다. ▷ 矣 : 단정·결정·한정·의문 등의 뜻을 나타내는 어조사.

2.

장자왈 인지불학 여등천이무술 학이지원

莊子曰 人之不學은 如登天而無術하고 學而智遠이면

여피상운이도청천 등고산이망사해

如披祥雲而覩青天하고 登高山而望四海니라

莊子曰	장자가 말하기를,
人之不學은	“사람이 배우지 않으면
如登天而無術하고	재주와 기술도 없이 하늘에 오르려는 것과 같으며,
學而智遠이면	배워서 뜻이 깊고 원대해지면
如披祥雲而覩青天하고	상서로운 구름을 헤치고 푸른 하늘을 보는 것과 같고
登高山而望四海니라	높은 산에 올라 사해를 보는 것과 같으니라.”

* 장자(기원전 369~288)의 이름은 주(周), 송나라 몽(蒙 : 하남성 귀덕부 상구현) 출신. 양혜왕, 제선왕과 같은 시대, 칠원리(漆園吏 : 옻나무 밭 관리)를 지냈고 집안이 가난하였다. 송나라는 약소국으로 상황은 가혹하고 불안과 부자유 그리고 어두운 현실뿐이었다. 한가한 시간을 이용하여 독서, 유람, 상상의 기회를 가졌고 대자연과 다방면의 하층 노동자들과 접한 것이 장자 사상의 형성 배경으로 본다. 그의 철학은 묵자와 같이 소생산자의 사상적인 정서를 대표한다. 장자는 도(道)를 천지만물의 근본원리라고 보고, 도는 어떤 대상을 욕구하거나 사유하지 않으므로 무위(無爲)하고, 스스로 자기존재를 성립시키며 절로 움직이므로 자연(自然)한 것이라고 주장하였다. 일종의 범신론(汎神論)적 사고를 지니고 있던 사상가이다.
* 人之不學에서 之는 관형격 조사이다. 단, 위 문장에서는 우리말로 해석할 때 관형격 조사로 하면 어색하므로 주격 조사로 의역해주는 것이 좋다. 또는

어떤 이는 之를 직접 주격 조사로 보기도 하는데 之가 주격 조사라기보다는 관형격 조사이며, 단지 우리말로 옮길 때 관형격으로 해석하면 어색할 경우가 종종 있을 뿐이며, 이럴 때 단지 之를 주격으로 의역해준 것에 불과하다.

▷ 披 : 나눌 피, 헤칠 피, 쪼갤 피, 열 피. ▷ 祥 : 상서로울 상. ▷ 覩 = 睹 볼 도. *目睹(목도). 若은 ① 만약 ~한다면(if), 만약 ~하더라도(even if), ② ~와 같다.

3.

禮記(예기)에 曰(왈) 玉不琢(옥불탁)이면 不成器(불성기)하고 人不學(인불학)이면 不知(부지) 義(의)니라

禮記에 曰	예기에 말하기를,
玉不琢이면	"옥도 다듬지 않으면
不成器하고	그릇을 이루지 못하고
人不學이면	사람이 배우지 않으면
不知義니라	의리를 알지 못하느니라."

* 『예기』의 원문은 공자(B.C. 551~479)가 편찬했다고 전해진다. 공자가 직접 지은 책에는 경(經)자를 붙이므로, 원래 이름은 『예경』이었다. 그러나 B.C. 2세기경 대대(大戴 : 본명은 戴德)와 그의 사촌 소대(小戴 : 본명은 戴聖)가 원문에 손질을 가한 것이 분명하므로 경자가 빠지게 되었다. 『예기』에서는 그 주제인 곡례(曲禮)·단궁(檀弓)·왕제(王制)·월령(月令)·예운(禮運)·학기(學記)·악기(樂記)·대학(大學)·중용(中庸) 등을 다룸에 있어서 도덕적인 면을 매우 중요하게 보았다. 1190년 성리학파의 주희(朱熹)는 『예기』 중의 대학·중

용 2편을 각각 별개의 책으로 편찬하여 유교경전인 『논어』·『맹자』와 더불어 4서(四書)에 포함시켰다. 4서는 보통 중국에서 유교 입문서로 사용되고 있다.

▷ 琢 : 쪼을 탁. 成器는 "그릇을 이루다" 즉, "그릇이 되다"라는 뜻이다.

4.

태공 왈 인생불학 여명명야행

太公이 曰 人生不學이면 如冥冥夜行이니라

太公이 曰 　 태공이 말하기를
人生不學이면 　 "사람이 배우지 않으면
如冥冥夜行이니라 　 어둡고 어두운 밤길을 가는 것과 같으니라."

▷ 冥 : 어두울 명. 저승을 말하기도 한다. 冥福(명복), 冥界(명계).

5.

한문공 왈 인불통고금 마우이금거

韓文公이 曰 人不通古今이면 馬牛而襟裾니라

韓文公이 曰 　 한문공이 말하기를,
人不通古今이면 　 "사람이 고금을 통하지 못하면
馬牛而襟裾니라 　 말과 소에 옷을 입히는 것과 같으니라."

* 한문공 한유(韓愈, 768~824)는 당(唐)을 대표하는 문장가·정치가·사상가이다. 당송 8대가(唐宋八大家)의 한 사람으로 자(字)는 퇴지(退之), 호는 창려

(昌黎)이며, 시호는 문공(文公)이다. 등주(鄧主) 하내군(河內郡) 남양(南陽, 지금의 하남성 맹주시) 출신이나, 그 자신은 창려(昌黎=河北省)출신으로 자처했다. 문집으로는 『한창려집(韓昌黎集)』40권과 『외집(外集)』10권이 전한다. 새롭고 기이한 어구를 많이 쓰는 난해한 시풍이 특징으로, 평이하면서 통속적인 시풍을 특징으로 하던 백거이(白居易)에 맞서 중당(中唐) 시단의 한 흐름을 형성했으며, 맹교·장적·이하(李賀)·왕건(王建)·가도(賈島) 등 「한문(韓門)의 제자」로 통칭되는 시인들을 배출하였다. 그의 최대업적은 산문문체의 개혁이다. 한유는 6조(六朝) 이래의 문단의 주류였던 대구(對句)와 음조(音調)를 중하게 여기는 병려체(騈儷體)에 대하여 수사주의에 치중해 있다며 비판하고, 한대(漢代) 이전의 자유스러운 형식을 표본으로 하는 고문(古文)을 주장하였다. 「원인(原人)」, 「원도(原道)」, 「원성(原性)」 등의 작품은 그러한 고문 부흥운동의 관점에서 쓴 것이다. 그의 경향은 사후 수제자 이고(李翶)가 물려받았다.

▷ 襟 : 옷깃 금. 裾(거)는 옷자락 거. 여기서 금거(襟裾)는 술어로 쓰였다.

6.

朱文公이 曰 家若貧이라도 不可因貧而廢學이요 家若富이라도 不可恃富而怠學이니 貧若勤學이면 可以立身이요 富若勤學이면 名乃光榮하리니 惟見學者顯達이요 不見學者無成이니라 學者는 乃身之寶요 學者는 乃世之珍이니라 是故로 學則乃爲君子요 不學則爲小人이니 後之學者는 宜各勉之니라

朱文公이 曰	주문공이 말하기를,
家若貧이라도	"만약 집이 가난하더라도
不可因貧而廢學이요	가난한 것으로 인하여 학문을 폐해서는 아니 되고
家若富이라도	만약 집이 부유하다 하더라도
不可恃富而怠學이니	부를 믿고 학문을 게을리 해서는 아니 된다.
貧若勤學이면	가난한 자가 부지런히 배우면
可以立身이요	가히 입신하게 될 것이고
富若勤學이면	부유한 자가 부지런히 배우면
名乃光榮하리니	이름이 계속해서 빛난다.
惟見學者顯達이요	배운 자가 출세하는 것은 보았으며
不見學者無成이니라	배운 자가 성공하지 못함은 보지 못하였다.
學者는 乃身之寶요	학문은 곧 몸의 보배요,
學者는 乃世之珍이니라	배운 사람은 곧 세상의 보배이다.
是故로 學則乃爲君子요	그러므로 배우면 군자가 되고
不學則爲小人이니	배우지 않으면 소인이 되니
後之學者는	후세의 배우는 자들은
宜各勉之니라	마땅히 각각 힘써야 할 것이니라."

* 因은 인할 인. 뒷 문장을 받아서 "~에서 기인하다"의 뜻이다.
* 恃는 믿을 시.
* 可以는 한 단어로 "~할 수 있다"의 뜻이다. 可와는 어감과 그 뜻에 미묘한 차이가 있으므로 구분하여야 할 것이다.
* "惟見學者顯達"에서 "惟見~, 不見~"은 "~하는 것은 보았으되, ~하는 것은 보지 못했다"는 뜻으로 흔히 쓰이는 댓구문이다.
* "學者乃身之寶"에서 學者는 "배움이라는 것은"의 뜻이다. 者는 ①사람 자. ② 것 자. 乃는 주어에 붙어서 서술어의 역할을 하기도 하고, "그리하여"의 뜻

으로 문장의 접속사로도 쓰인다. 여기서 乃는 문장의 운율을 맞추기 위해 써준 글자이다. 乃를 써줌으로써 글을 부드럽게 운율에 따라 읽게끔 도와주는 것이다.

* 宜는 "옳을 의"로 여기서는 부사로 "의당, 마땅히"의 뜻이다. 예 : 便宜(편의), 宜當(의당), 時宜適切(시의적절).

▷ 若 : 같을 약, 만일 약. ▷ 不可 : ~할 수 없다, ~해서는 안 된다. ▷ 恃 : 믿을 시. ▷ 怠 : 게으를 태. ▷ 乃 : 이에 내, 곧 내. ▷ 惟 : 오직 유. ▷ 顯 : 나타날 현, 높을 현. 顯達 = 立身出世(입신출세). ▷ 是故 : 이러므로, 이런 까닭에, 때문에. ▷ 爲 : 될 위. ▷ 宜 : 마땅할 의. ▷ 勉 : 힘쓸 면.

7.

徽宗皇帝(휘종황제) 曰(왈) 學子(학자)는 如禾如稻(여화여도)하고 不學者(불학자)는 如蒿如草(여호여초)로다 如禾如稻兮(여화여도혜)여 國之精糧(국지정량)이요 世之大寶(세지대보)로다 如蒿如草兮(여호여초혜)여 耕者憎嫌(경자증혐)하고 鋤者煩惱(서자번뇌)니라 他日面墻(타일면장)에 悔之已老(회지이노)로다

徽宗皇帝 曰	휘종황제가 말하기를,
學子는 如禾如稻하고	"학자는 벼와 같고
不學者는 如蒿如草로다	배우지 않는 자는 쑥 같고 풀 같다.
如禾如稻兮여	벼와 같음이여
國之精糧이요	나라의 좋은 양식이고
世之大寶로다	세상의 큰 보배이다.
如蒿如草兮여	잡초와 같음이여

耕者憎嫌하고	밭가는 이가 싫어하고
鋤者煩惱니라	김매는 자가 번뇌하고 싫어한다.
他日面墻에	뒷날 담장을 마주하듯 앞이 막혔으니
悔之已老로다	뉘우친들 이미 그때는 늙었도다.”

* 휘종 황제는 북송(北宋)때의 제 8대 임금.
* 稻는 벼 도. 蒿는 쑥 호. 精은 정할 정. 깨끗할 정. 예 : 精練(정련), 精選(정선), 精讀(정독), 精銳(정예], 精密(정밀).
* 糧은 곡식 량. 嫌은 ①싫어할 혐. 예 : 嫌惡(혐오). ②의심할 혐. 예 : 嫌疑(혐의).
* 鋤는 김맬 서. 명사로는 “호미”라는 뜻이다.
* 煩은 번거로울 번. 惱는 번뇌할 뇌.
* 墻은 담 장. 面墻은 “담 벽을 보고 선다.”는 말로 무식함을 비유한 말이다. 즉, 담을 보고 서면 앞으로 나아갈 수도 없으며 보이는 것도 없다. 『논어』에 이 “面墻”이란 말이 보인다.
* 悔는 뉘우칠 회. 예 : 後悔(후회). 悔之에서 之는 지시대명사라기보다는 之앞의 글자를 술어답게 만들어주는 어감을 주고, 어세, 어기 등을 고르기 위한 글자이다. 已는 이미 이.

▷ 禾 : 벼 화. ▷ 兮 : 어조사 혜. ‘~여, ~인가’로 풀이. ▷ 鋤 : 호미 서, 김맬 서. ▷ 煩 : 괴로워할 번, 번거로울 번. 惱 : 괴로워할 뇌. 悔 : 뉘우칠 회 ▷ 已 : 이미 이.

8.

論語(논어)에 曰(왈) 學如不及(학여불급)이요 惟恐失之(유공실지)니라

論語에 曰	논어에 말하기를,
學如不及이요	"배움은 미치지 못한 것같이 하고
惟恐失之니라	오직 잃어버릴까 두려워해야 하느니라."

* 失之에서 之는 어조사이다.

▷ 及 : 미칠 급. ▷ 恐 : 두려워할 공.

10. 訓子篇(훈자편)

자식에게 천금을 주기보다는 한 가지 재주를 가르치는 것이 낫다.(자녀교육의 교훈)

1.

景行錄에 云하되 賓客不來하면 門戶俗하고 詩書無敎면 子孫愚니라

景行錄에 云하되	경행록에 이르기를,
賓客不來하면	“손님이 오지 않으면
門戶俗하고	집안이 저속화되고
詩書無敎면	시서(시경, 서경)를 가르치지 않으면
詩書無敎면 子孫愚니라	자손이 어리석게 되느니라.”

▷ 賓 : 손 빈. ▷ 門 : 문 문. ▷ 戶 : 지게 호. *지게는 마루나 부엌 같은 데서 방으로 드나드는 외짝문. 門戶는 대문과 방문이라는 뜻으로 ‘한 집안’이나 ‘문파(門派)’, ‘국가’ 등을 비유한다. ▷ 俗 : 속될 속.

2.

장자왈 사수소 부작 불성 자수현
莊子曰 事雖小나 不作이면 不成이오 子雖賢이나

불교 불명
不敎면 不明이니라

莊子曰	장자가 말하기를,
事雖小나	"일이 비록 작더라도
不作이면 不成이오	하지 않으면 이루지 못하고
子雖賢이나	자식이 비록 현명하더라도
不敎면	가르치지 않으면
不明이니라	총명하지 못하게 되느니라."

▷ 雖 : 비록 수. ▷ 賢 : 어질 현. 재주와 지혜가 있고 덕행이 뛰어남.

3.

한서 운 황금만영 불여교자일경 사자
漢書에 云하되 黃金滿籯이 不如敎子一經이요 賜子

천금 불여교자일예
千金이 不如敎子一藝니라

漢書에 云하되	한서에 이르기를,
黃金滿籯이	"황금이 광주리에 차 있어도
不如敎子一經이요	자식들에게 하나의 경전을 가르치는 것만 같지 못하고
賜子千金이	천금을 자녀들에게 주느니 보다도
不如敎子一藝니라	자식에게 한 가지 기예를 가르치는 것만 같지 못하느니라."

* 『한서(漢書)』는 한고조 유방(劉邦)에서 왕망(王莽)까지 229년 동안의 역사를 기전체로 기록한 책. 班彪(반표)가 시작하여 班固(반고)가 완성하고 그의 누이 班昭(반소)가 補修(보수-보충)했다. * 籯-광주리 영(농).〈상자〉

▷ 籯 : 바구니 영. ▷ 不如~ : ~하는 것만 못하다. ▷ 經 : 경서 경. ▷ 賜 : 줄 사. ▷ 藝 : 재주 예.

4.

지락 막여독서 지요 막여교자

至樂은 莫如讀書요 至要는 莫如敎子니라

(4번은 3번에서 이어진 문장)

至樂은	지극한 즐거움은
莫如讀書요	독서 같은 것이 없고
至要는	지극히 중요한 것은
莫如敎子니라	자녀들을 가르치는 것 만한 것이 없느니라.

▷ 至 : 이를 지, 지극할지. ▷ 莫 : 없을 막. 莫如 : ~만한(같은) 것이 없다.
▷ 要 : 중요할 요, 요구할 요.

5.

여영공왈 내무현부형 외무엄사우이능유성자

呂滎公曰 內無賢父兄하고 外無嚴師友而能有成者는

선의

鮮矣니라

呂滎公曰	여영공이 말하기를,

內無賢父兄하고 — “집안에 현명하신 부모님이나 형이 없고
外無嚴師友而能有成者는 — 밖으로 엄격한 스승과 벗이 없으면 능히 성공할 수 있는 자가
鮮矣니라 — 드무니라.”

* 呂滎公(여형공) : 북송(北宋)시기의 학자. 이름은 希哲(희철), 명신(名臣)으로 자(字)는 원명(原明)이며, 형공(滎公)은 시호(諡號 : 벼슬이나 관직에 있던 선비들이 죽은 뒤에 그 행적에 따라 왕으로부터 받은 이름)이다. 여공저(呂公著)의 아들로, 저서(著書)로는 『여씨잡기(呂氏雜記)』가 있다.

▷ 鮮 : 적을 선, 드물 선. ~者 鮮矣 ‘~하는 사람(것)이 드물다.’

6.

太公이 曰 男子失敎면 長必頑愚하고 女子失敎면 長必麤疎니라

(10번까지 이어짐)

太公이 曰 — 태공이 말하기를,
男子失敎면 — “남자가 교육을 받지 못하면
長必頑愚하고 — 자라서 반드시 완악하고 어리석어지며
女子失敎면 — 여자가 교육을 받지 못하면
長必麤疎니라 — 자라서 반드시 거칠고 소홀해 지느니라.”

▷ 頑 : 완고할 완, 둔할 완. ▷ 麤 = 추솔해질 치, 추할 추. 거칠 추. ▷ 疎 : 성길 소.

7.

남년장대 막습악주 여년장대 막령유주

男年長大어든 莫習樂酒하고 女年長大어든 莫令遊走니라

男年長大어든	남자의 나이가 장년이 되면
莫習樂酒하고	풍류나 술에 익히지 말도록 하고
女年長大어든	여자 나이가 장년이 되면
莫令遊走니라	놀러 다니지 못하게 하라.

▷ 年 : 해 년, 나이 년. ▷ 莫 : 말 막(금지). ▷ 樂 : 풍류 악. ▷ 令 : 하여금 령. ~하게 하다 = 使. ▷ 遊 : 놀 유. ▷ 走 : 달릴 주.

8.

엄부 출효자 엄모 출효녀

嚴父는 出孝子하고 嚴母는 出孝女니라

嚴父는 出孝子하고	엄한 아버지는 효자를 길러내고
嚴母는 出孝女니라	엄한 어머니는 효녀를 길러내느니라.

▷ 嚴 : 엄할 엄. ▷ 出 : 날 출. 나다, 나타나다, 나가다, 내다, 내보내다.

9.

憐兒어든 多與棒하고 憎兒어든 多與食하라
(연아 다여봉 증아 다여식)

憐兒어든 多與棒하고	아이를 사랑하거든 매를 많이 주고
憎兒어든 多與食하라	아이를 미워하거든 먹을 것을 많이 주라.

▷ 憐 : 불쌍히 여길 련, 사랑할 련. ▷ 與 : 줄 여. ▷ 棒 : 몽둥이 봉. ▷ 憎 : 미워할 증. ▷ 食 : 밥 식, 먹을 식.

10.

人皆愛珠玉이나 我愛子孫賢이니라
(인개애주옥 아애자손현)

人皆愛珠玉이나	사람들은 구슬을 사랑하지만
我愛子孫賢이니라	나는 자손들이 어진 것을 사랑하느니라.

* 집에 손님이 자주 오지 않으면 그 집이 천하게 된다. 자식이 아무리 어질어도 가르치지 않으면 안 된다. 많은 돈을 전해주느니보다는 차라리 책 한권을 가르쳐주라. 여자라도 가르치지 않으면 사람이 추솔해진다. 한 줌의 주옥보다도 나는 자손 착한 것을 사랑한다. 이렇게 자녀의 교육이 중요하다는 것을 강조하였다.

▷ 皆 : 다 개. ▷ 珠 : 구슬 주. 珠玉 : 구슬과 옥. 여럿 가운데 가장 아름답고, 값지고, 귀한 것을 비유함.

11. 省心篇上(성심편 상)

살아가면서 한번쯤 자신의 마음을 되돌아보는 것도 좋을 듯싶다.(자아성찰)

1.

景行錄에 云하되 寶貨는 用之有盡이요 忠孝는 享之無窮이니라

(7번까지 이어짐)

景行錄에 云하되	경행록에 이르기를,
寶貨는	"보물과 화폐는
用之有盡이요,	쓰면 다함이 있고
忠孝는	충효는
享之無窮이니라	누릴수록 무궁 하느니라."

▷ 貨 : 재화 화, 재물 화. ▷ 盡 : 다할 진. ▷ 享 : 누릴 향. 누리다 = 마음껏 겪으면서 맛봄. ▷ 窮 : 다할 궁, 끝날 궁, 막힐 궁.

2.

가화빈야호 불의부여하 단존일자효 하용자

家和貧也好면 不義富如何하랴 但存一子孝면 何用子

손다

孫多요

家和貧也好면	가정이 화목하면 가난해도 좋지만
不義富如何하랴	의롭지 않다면 부자인들 무엇하겠는가?
但存一子孝면	다만 한 아들이라도 효도한다면
何用子孫多이요	자손이 많은들 무엇하리요.

▷ 也 : 어조사 야. 글의 끝에 쓰이면 긍정이나 판단을 나타내어 '~이다. ~다.'로 풀이하고, 중간에 쓰이면 '~이, ~은(는), ~에, ~와'로 풀이한다. ▷ 如 : ~와 같다. 何는 의문대명사로 '무엇, 어느, 무슨'. 如何 = 何如. ▷ 但 : 다만 단. ▷ 存 : 있을 존. ▷ 何用~ : ~이 무슨 소용인가, 무슨 쓸모가 있겠는가.

3.

부불우심 인자효 부무번뇌 시처현

父不憂心은 因子孝요 夫無煩惱는 是妻賢이요

언다어실 개인주 의단친소 지위전

言多語失은 皆因酒요 義斷親疎는 只爲錢이라

父不憂心은	아버지가 근심을 아니 하심은
因子孝요	자식이 효도하기 때문이고,
夫無煩惱는	남편이 번뇌가 없는 것은
是妻賢이요	아내가 현명하기 때문이며,
言多語失은	말이 많아 실수하는 것은

皆因酒요	다 술 때문이고,
義斷親疎는	의가 끊어지고 친한 사이가 멀어짐은
只爲錢이라	단지 돈 때문이다.

▷ 因 : 인할 인. '원인, 까닭, 유래'를 뜻함. ▷ 是 : ~이다. ▷ 只 : 다만, 단지, 겨우. ▷ 爲 : 될 위.

4.

旣取非常樂거든 須防不測憂하라

(기취비상락 수방불측우)

旣取非常樂거든	이미 비상한 즐거움을 얻었거든
須防不測憂하라	모름지기 의외의 근심을 예방하라.

▷ 常 : 항상 상, 보통 상. 非常 : 보통이 아님. '非常한 재주'. ▷ 須 : 모름지기 수. ▷ 測 : 잴 측, 헤아릴 측.

5.

得寵思辱하고 居安慮危니라

(득총사욕 거안려위)

得寵思辱하고	칭찬을 얻었거든 욕 될 것을 생각하고
居安慮危니라	편안하게 살거든 위태할 것을 생각해야 할 것이니라.

▷ 寵 : 사랑할 총, 은혜 총. ▷ 辱 : 욕되게 할 욕, 수치 욕, 욕 욕. ▷ 居 : 살 거. ▷ 慮 : 생각할 려.

6.

榮輕辱淺(영경욕천)하고 利重害深(이중해심)이니라

榮輕辱淺하고	영화가 가벼우면 욕도 얕고
利重害深이니라	이익이 무거우면 손해도 깊으니라.

▷ 榮華 : 권력과 부귀를 마음껏 누림. ▷ 輕 : 가벼울 경. ▷ 淺 : 얕을 천.

7.

甚愛必甚費(심애필심비)하고 甚譽必甚毁(심예필심훼)하며 甚喜必甚憂(심희필심우)하고 甚贓必甚亡(심장필심망)이니라

甚愛必甚費하고	사랑이 심하면 반드시 소비함도 심하고,
甚譽必甚毁하며	명예가 심하면 헐뜯음도 심하고,
甚喜必甚憂하고	기쁨이 심하면 반드시 근심도 심하고,
甚贓必甚亡이니라	뇌물 받음이 심하면 반드시 망함도 심하다.

▷ 甚 : 심할 심. ▷ 費 : 쓸 비, 소비할 비, 소모할 비. ▷ 譽 : 기릴 예, 칭찬할 예. ▷ 毁 : 헐 훼. ▷ 贓 : 장물 장, 뇌물 받을 장.

8.

자 왈 불 관 고 애 하 이 지 전 추 지 환 불 림 심 연
子曰 不觀高崖면 何以知顚墜之患이며 不臨深淵이면
하 이 지 몰 익 지 환 불 관 거 해 하 이 지 풍 파 지 환
何以知沒溺之患이며 不觀巨海면 何以知風波之患이
리오

(9번까지 이어짐)

子曰	공자께서 말씀하시기를,
不觀高崖면	"높은 언덕을 보지 않으면
何以知顚墜之患이며	어찌 떨어지는 근심을 알며
不臨深淵이면	깊은 연못에 가지 않으면
何以知沒溺之患이며	어찌 빠지는 근심을 알며
不觀巨海면	큰 바다를 보지 않으면
何以知風波之患이리오	어찌 풍파의 근심을 알리요."

▷ 崖 : 낭떠러지 애. ▷ 何以 : 무엇으로, 어떻게. ▷ 顚 : 넘어질 전. ▷ 墜 : 떨어질 추. ▷ 臨 : 임할 림, 내려다 볼 림. ▷ 淵 : 못 연. ▷ 沒 : 잠길 몰. ▷ 溺 : 빠질 닉. ▷ 患 : 근심할 환, 병 환.

9.

욕 지 미 래 선 찰 이 연
欲知未來인데 先察已然이니라

欲知未來인데	미래의 일을 알고자 하면
先察已然이니라	먼저 지난 일을 살펴라.

▷ 欲 : 하고자 할 욕. ▷ 察 : 살필 찰. ▷ 已 : 이미 이. 往 : 갈 왕. 已往 = 지나간 때, 以前(이전).

10.

子曰(자왈) 明鏡(명경)은 所以察形(소이찰형)이오 往者(왕자)는 所以知今(소이지금)이니라

(11번까지 이어짐)

子曰	공자께서 말씀 하시기를,
明鏡은	“밝은 거울은
所以察形이오	얼굴을 살피는 것이요,
往者는	지나간 일은
所以知今이니라	현재를 아는 것이다.”

▷ 鏡 : 거울 경. ▷ 所以 : 방법 또는 이유를 나타냄. ▷ 形 : 모양 형. 여기서는 얼굴 모양을 뜻함. ▷ 今 : 이제 금.

11.

過去事(과거사)는 如明鏡(여명경)이요 未來事(미래사)는 暗似漆(암사칠)이니라

過去事는	지나간 일은
如明鏡이요	밝은 거울 같고
未來事는	미래의 일은
暗似漆이니라	어둡기가 칠흑 같다.

▷ 似 : 같을 사. ▷ 漆 : 옻 칠, 검을 칠.

12.

경행록　운　명조지사　박모불가필
景行錄에 云하되 明朝之事를 薄暮不可必이요

박모지사　포시불가필
薄暮之事는 晡時不可必이니라

(14번까지 이어짐)

景行錄에 云하되	경행록에 이르기를,
明朝之事를	"내일 아침 일을
薄暮不可必이요	초저녁에 반드시 알지 못하며
薄暮之事는	초저녁의 일을
晡時不可必이니라	오후쯤에는 반드시 알 수 없느니라."

▷ 明朝 : 내일 아침. 明年 : 내년, 明日 : 내일, 今明間 : 오늘 내일 사이에, 조만간. ▷ 薄 : 엷을 박. 暮 : 저물 모. 薄暮 : 해가 진 뒤 컴컴해지기 전까지의 어둑할 무렵. 땅거미. ▷ 晡 : 신시(申時) 포. 申時 : 오후 3~5시 또는 오후 3시30분~4시30분까지의 동안.

13.

천유불측풍우　인유조석화복
天有不測風雨하고 人有朝夕禍福이니라

天有不測風雨하고	하늘에는 예측할 수 없는 비바람이 있고
人有朝夕禍福이니라	사람에는 조석으로 화와 복이 있느니라.

▷ 測 : 잴 측, 헤아릴 측.

14.

未歸三尺土하얀 難保百年身이요 已歸三尺土하얀 難保百年墳이니라

未歸三尺土하얀	석자 되는 흙으로 돌아가지 않고서
難保百年身이요	백년의 몸을 보존하기 어렵고
已歸三尺土하얀	이미 석자 흙속으로 돌아가서는
難保百年墳이니라	백년까지 무덤 보존하기가 어려우니라.

▷ 未 : 아직 ~하지 못하다(아니하다). ▷ 歸 : 돌아갈 귀, 돌아올 귀. ▷ 難 : ~하기 어렵다. ▷ 墳 : 무덤 분.

15.

景行錄에 云하되 木有所養이면 則根本固而枝葉茂하야 棟樑之材成하고 水有所養이면 則泉源壯而流派長하야 灌漑之利博하고 人有所養이면 則志氣大而識見明하야 忠義之士出하니 可不養哉아

(17번까지 이어짐)

景行錄에 云하되	경행록에 이르기를,
木有所養이면	“나무도 잘 기르면
則根本固而枝葉茂하야	뿌리가 견고하고 가지와 잎이 무성하여

棟樑之材成하고	기둥과 대들보 감이 재목을 이루고,
水有所養이면	물을 잘 기르면
則泉源壯而流派長하야	샘의 근원이 장대하고 흐름이 길어서
灌漑之利博하고	논과 밭에 물대는 이로움이 광대하고,
人有所養이면	사람은 잘 기르면
則志氣大而識見明하야	뜻과 기상이 커서 식견이 밝고
忠義之士出하니	충성되고 정의로운 선비를 배출하게 되니
可不養哉아	가히 잘 기르지 않겠는가."

* 有所養(유소양) : 기르는 바 있으면. 잘 기르게 되면.
* 棟樑(동량) : 기둥과 대들보. 세상을 받치는 인재.
* 流波(유파) : 흘러가는 물줄기.
* 灌漑(관개) : 논이나 밭에 물을 대는 것.
* 可不養哉(가불양재) : 가히 기르지 않을 수 있으랴.

▷ 所 : 바 소(~하는 바). ▷ 養 : 기를 양. ▷ 則 : 가정이나 원인을 나타내어 '~하면, ~이면'. ▷ 固 : 굳을 고. ▷ 茂 : 무성할 무. ▷ 棟 : 용마루, 마룻대, 상량(上樑). ▷ 樑 = 梁 대들보 량. ▷ 壯 : 장할 장, 굳셀 장, 웅장할 장. ▷ 灌 : 물 댈 관. 漑 : 물 댈 개. 灌漑 : 논밭으로 물을 끌어 대는 일. ▷ 博 : 넓을 박. ▷ 哉 : 감탄이나 반어(反語)를 나타내는 어조사.

16.

자신자 인역신지 오월 개형제
自信者는 人亦信之하나니 吳越이 皆兄弟요

자의자 인역의지 신외 개적국
自疑者는 人亦疑之하나니 身外는 皆敵國이니라

自信者는	자기 자신을 믿는 사람은
人亦信之하나니	남들도 역시 믿어주기 때문에
吳越이	서로 적국과 같은 사이라도
皆兄弟요	모두 형제처럼 될 수 있고
自疑者는	자기 자신을 의심하는 사람은
人亦疑之하나니	남들도 역시 자기를 의심하게 되니
身外는	자기 이외의 사람은
皆敵國이니라	모두 적국처럼 될 것이다.

* 오월동주는 중국 춘추 전국 시대에, 서로 적대 관계인 오나라의 왕 부차(夫差)와 월나라의 왕 구천(句踐)이 같은 배를 탔으나, 풍랑을 만나서 서로 단합하여야 했다는 데에서 유래한다. 출전은 『손자(孫子)』의 〈구지편(九地篇)〉이다.

▷ 亦 : 또 역. ▷ 吳越 : 오월동주, 와신상담으로 유명한 오나라와 월나라 같이 서로 원수 같은 사이를 비유하며 적국과 같은 의미. ▷ 疑 : 의심할 의. ▷ 敵 : 원수 적.

17.

疑人莫用하고 用人勿疑니라 (의인막용 용인물의)

疑人莫用하고	남을 의심하면 쓰지 말고
用人勿疑니라	사람을 썼거든 의심하지 말라.

▷ 莫, 勿, 無, 不, 毋 : 막, 물, 무, 불, 무 모두 금지의 뜻임.

18.

풍간 운 수저어천변안 고가사혜저가조
諷諫에 云하되 水底魚天邊雁은 高可射兮低可釣나

유유인심지척간 지척인심 불가료
惟有人心咫尺間이라도 咫尺人心은 不可料니라

(21번까지 이어짐)

諷諫에 云하되	풍간에 이르기를,
水底魚天邊雁은	물밑에 잠긴 고기는 깊어도 낚을 수 있고
高可射兮低可釣나	하늘 높이 날아가는 기러기는 높아도 쏘아 잡을 수 있지만,
惟有人心咫尺間이라도	오직 사람의 마음은 지척 사이에 있으나
咫尺人心은	이 지척에 있는 사람의 마음은
不可料니라	헤아릴 수가 없느니라.

* 諷諫 : 세상이나 인물을 풍자하고 비판한 글. 슬며시 꾸짖는 뜻을 비춰 다른 사람을 빗대어 깨우침. 완곡한 표현으로 충고함. 통상적으로 풍간은 책이름이라고 생각하고 해석함이 가장 바람직하다.

▷ 底 : 밑 저. 低 : 낮을 저. ▷ 邊 : 가 변. ▷ 雁 : 기러기 안. ▷ 射 : 쏠 사. ▷ 兮 : 감탄형 어조사. ▷ 釣 : 낚을 조, 낚시 조. ▷ 咫 : 길이 지. 짧은 거리를 비유. 咫尺 : 아주 가까운 거리. ▷ 料 : 헤아릴 료, 생각할 료.

19.

화호화피난화골 지인지면부지심
畫虎畫皮難畫骨이요 知人知面不知心이니라

畵虎畵皮難畵骨이요 — 호랑이는 가죽과 겉은 그리나 뼈까지 그리기 어렵고
知人知面不知心이니라 — 사람은 얼굴을 알지만 깊은 마음까지는 알 수 없느니라.

▷ 畵 : 그림 화, 그릴 화. ▷ 面 : 낯 면, 얼굴 면.

20.

對面共話하고 心隔千山이니라
(대면공화 심격천산)

對面共話하고 — 얼굴을 마주보고 정답게 이야기하되
心隔千山이니라 — 마음은 만첩청산이 가로막힌 듯이 하라.

▷ 對 : 대할 대, 마주볼 대. ▷ 共 : 함께 공. ▷ 隔 : 사이 뜰 격.

21.

海枯終見底나 人死不知心이니라
(해고종견저 인사부지심)

海枯終見底나 — 바닷물이 마르면 끝내는 바닥을 볼 수 있으나
人死不知心이니라 — 사람은 죽더라도 마음을 알 수 없느니라.

▷ 枯 : 마를 고. ▷ 終 : 마침내, 끝내.

22.

太公이 曰 凡人은 不可逆相이요 海水는 不可斗量이니라

太公이 曰	태공이 말하기를,
凡人은 不可逆相이요	모든 사람은 거슬러 미래를 알 수 없고
海水는 不可斗量이니라	바닷물은 말로 잴 수 없느니라.

▷ 凡 : 무릇 범. ▷ 逆 : 거스를 역. ▷ 相 : 볼 상, 바탕 상, 모양 상. 관상을 보고 점을 침. ▷ 斗 : 말 두. 한 말은 열 되로서 약 18리터의 용량. ▷ 量 : 헤아릴 량.

23.

景行錄에 云 結怨於人은 謂之種禍요 捨善不爲는 謂之自賊이니라

(25번까지 이어짐)

景行錄에 云	경행록에 이르기를,
結怨於人은	“남과 원수를 맺는 것은
謂之種禍요	화의 씨앗이 되고

捨善不爲는	선을 버리고 실행하지 않음은
謂之自賊이니라	자기를 해치는 도적이니라.”

▷ 結 : 맺을 결. ▷ 怨 : 원망할 원, 원수 원. ▷ 於 : ~에, ~에게, ~로부터. 행위의 방향이나 대상을 나타내는 어조사. ▷ 謂 : 이를 위. *謂之 : 이를 ~이라 이른다. ▷ 種 : 씨 종, 심을 종. ▷ 捨 : 버릴 사. ▷ 賊 : 도둑 적, 해칠 적, 죽일 적.

24.

약 청 일 면 설　　변 견 상 리 별

若聽一面說이면 便見相離別이니라

若聽一面說이면	만약에 한편의 말만 들으면
便見相離別이니라	문득 서로 이별하게 됨을 볼 것이니라.

▷ 若 : 같을 약, 만일 약. ▷ 便 : 문득 변, 곧 변. 편할 편. ▷ 離 : 떠날 리, 떼놓을 리, 헤어질 리.

25.

포 난　　사 음 욕　　기 한　　발 도 심

飽煖에 思淫慾하고 飢寒에 發道心이니라

飽煖에	배부르고 따뜻한데서
思淫慾하고	음란한 욕심이 생기고
飢寒에	굶주리고 추운데서
發道心이니라	도심이 발하느니라.

* 중국의 민간에서는 비슷하지만 좀 다른 어구가 쓰이고 있기도 하다. 飽暖思淫慾 飢寒起盜心(포난사음욕 기한기도심), 즉 "등 따시고 배부르면 엉뚱한 생각이 나고, 춥고 배고프면 도심(盜心)이 일어난다." 같은 도심이지만 그 뜻은 천양지차(天壤之差)다.

▷ 飽 : 배부를 포, 물릴 포. ▷ 煖 : 따뜻할 난. ▷ 淫 : 음란할 음. ▷ 慾 : 욕심 욕. ▷ 飢 = 饑 주릴 기. ▷ 發 : 일으킬 발.

26.

소광 왈 현인다재즉손기지 우인다재즉익기과

疎廣이 曰 賢人多財則損其志하고 愚人多財則益其過니라

(30번까지 이어짐)

疎廣이 曰	소광이 말하기를,
賢人多財則損其志하고	"현인이 재산이 많으면 그 뜻을 손상하고
愚人多財則益其過니라	우매한 사람이 재산이 많으면 과실이 더하게 되느니라."

* 소광(疎廣) : 중국 한(漢)나라의 황제인 선제(宣帝) 때 태자의 스승이었던 학자. 자는 중옹(仲翁). 인물이 출중하고 학문이 깊어 명망이 두루두루 높았고, 나중에 벼슬이 三公(삼공)의 하나인 太傅(태부)까지 올랐다. 그에게는 疎受(소수)라는 조카가 있었는데, 그 또한 고위직인 소부 벼슬에 이르렀다. 어느 날 조카 소수에게 이르기를 "듣건대 만족할 줄 알면 욕을 면할 수 있고, 중지를 할 줄 알면 위태롭지 않다고 한다. 이제 벼슬이 2천 석에 이르렀으니, 지위와 명예를 이룬 것이다. 지금 떠나지 않으면 후회할까 염려스럽다." 라고 얘기한 뒤 숙부와 조카가 함께 상소하여 고향으로 돌아가게 해주기를

청하였다. 황제는 이를 허락하고 황금 20근을 하사했다. 고향으로 돌아와서는 그 황금을 팔아 잔치를 베풀고 모든 친인척, 친구, 빈객을 초청하여 즐겁게 놀았다. 어떤 사람이 소광에게 그 황금으로 자손을 위해 생업의 기본을 많이 장만해 주는 것이 어떻겠냐고 권하자, "내가 늙은 몸으로 어찌 자손을 생각 않겠는가. 그러나 지금 있는 땅으로만 자손들이 부지런히 노력한다면 의식을 남만큼 충분히 제공 받을 수 있네. 그런데 이제 땅을 더 사줌으로 남아도는 재물이 있게 되면, 이는 자손들에게 게으름만 가르치는 것이 되오."라고 하며 다시 한마디 덧붙인 말씀이 곧 "賢而多則損其志(현이다즉손기지)하고 愚而多財則益其過(우이다재즉익기과)니라"하며, "원래 부자라는 것이 사람들의 원망을 받게 마련이고 내가 이미 자손들을 잘 가르치지 못했는데, 자손들에게 허물을 더하게 하고 또 남의 원망을 받게 하고 싶지는 않소." 이상은 漢書(한서) 소광전에 나오는 얘기다.

▷ 則 : 조건이나 가정을 나타내어 '~(하)면' ▷ 損 : 덜 손. 益 : 더할 익. ▷ 其 = 賢人, 愚人.

27.

人貧智短하고 福至心靈이니라
(인빈지단 / 복지심령)

人貧智短하고	사람이 가난하면 지혜가 짧아지고
福至心靈이니라	복이 이르면 마음이 밝아지느니라.

▷ 靈 : 신령할 령, 영통할 령.

28.

불경일사 부장일지
不經一事면 不長一智니라

不經一事면 하나의 사업을 경영치 못하면
不長一智니라 하나의 지혜가 자라지 못하느니라.

▷ 經 : 지날 경, 지낼 경, 겪을 경. ▷ 長 : 자랄 장, 기를 장.

29.

시비종일유 불청 자연무
是非終日有하고 不聽이면 自然無니라

是非終日有하고 시비가 하루 종일 있어도
不聽이면 듣지 않으면
自然無니라 자연히 없어지느니라.

▷ 終日 : 아침부터 저녁까지.

30.

내설시비자 변시시비인
來說是非者는 便是是非人이니라

來說是非者는 와서 시비를 말하는 자가
便是是非人이니라 바로 시비하는 사람이니라.

▷ 便 : 곧 변, 문득 변. 便是 : 곧(문득) ~이다.

31.

擊壤詩에 云하되 平生에 不作皺眉事하면 世上에 應無切齒人이니 大名은 豈有鐫頑石이요 路上行人이 口勝碑니라

(33번까지 이어짐)

擊壤詩에 云하되	격양시에 이르기를,
平生에 不作皺眉事하면	"평생 동안 눈썹 찌푸릴 일을 하지 않으면
世上에 應無切齒人이니	세상에 이를 갈 사람은 없을 것이며
大名은	크게 난 이름을
豈有鐫頑石이요	어찌 무딘 돌에만 새길 것인가.
路上行人이	길가는 사람의
口勝碑니라	입이 비석보다 나으니라."

▷ 擊 : 칠 격. ▷ 壤 : 흙 양. ▷ 皺 : 주름 잡힐 추. ▷ 眉 : 눈썹 미. ▷ 應 : 응당(마땅히) ~하여야 한다. ▷ 切 : 갈 절, 문지를 절. 切齒 : 이를 갈 정도로 몹시 분함. ▷ 豈 : 어찌 기. ▷ 鐫 : 새길 전. ▷ 頑 : 완고할 완, 둔할 완, 어리석을 완. ▷ 勝 : 이길 승, 나을 승, 뛰어날 승. ▷ 碑 : 비석 비.

32.

有麝自然香이니 何必當風立인가

有麝自然香이니	사향을 가지고 있으면 자연히 향기로운데

何必當風立인가 어찌 바람이 불어서이랴.

▷ 麝 : 사향노루 사. 사향은 약재나 향료의 재료로 쓰임. ▷ 何必 : 어찌하여 꼭, 어찌 반드시. ▷ 當 : 마땅할 당, 당할 당, 대할 당.

33.

유복막향진 복진신빈궁 유세막사진 세
有福莫享盡하라 福盡身貧窮이요 有勢莫使盡하라 勢
진원상봉 복혜상자석 세혜상자공 인
盡冤相逢이니라 福兮常自惜하고 勢兮常自恭하라 人
생교여치 유시다무종
生驕與侈는 有始多無終이니라

有福莫享盡하라 복이 있다고 다 누리지 말라.
福盡身貧窮이요 복이 다하면 몸이 빈궁해진다.
有勢莫使盡하라 권세가 있다고 다 부려 쓰지 말라.
勢盡冤相逢이니라 권세가 다하면 원수와 서로 만나게 된다.
福兮常自惜하고 복이 있으면 언제나 스스로 아끼고,
勢兮常自恭하라 권세가 있으면 언제나 공손하라.
人生驕與侈는 인생의 교만과 사치는
有始多無終이니라 시작은 있어도 많은 경우에 끝이 없다.

▷ 享 : 누릴 향. ▷ 窮 : 다할 궁, 끝날 궁, 막힐 궁, 궁할 궁. ▷ 使 : ~하게 하다. ▷ 冤 : 원통할 원, 원수 원. ▷ 逢 : 만날 봉. 相逢 : 서로 만남. ▷ 兮 : 감탄형 어조사. ▷ 惜 : 아낄 석. ▷ 恭 : 공손할 공, 삼갈 공. ▷ 驕 : 교만할 교. ▷ 與 : ~와, ~와 더불어, ~와 함께. ▷ 侈 : 사치할 치.

34.

王參政四留銘에 曰 留有餘不盡之巧하야 以還造物하고 留有餘不盡之祿하야 以還朝廷하고 留有餘不盡之財하야 以還百姓하고 留有餘不盡之福하야 以還子孫이니라

(43번까지)

王參政四留銘에 曰	왕참정 사유명에 말하기를,
留有餘不盡之巧하야	"여유 있는 재주를 쓰지 않았다가
以還造物하고	조물주에게 돌려주고
留有餘不盡之祿하야	여유 있게 복록을 다 쓰지 않았다가
以還朝廷하고	조정에 돌려주고
留有餘不盡之財하야	여유 있는 재물을 다 쓰지 않았다가
以還百姓하고	백성에게 돌려주며
留有餘不盡之福하야	여유 있는 복을 다 누리지 않았다가
以還子孫이니라	자손에게 돌려줄지니라."고 하였다.

* 왕참정(王參政) : 북송(北宋)때의 정치가로, 이름은 단(旦). 참정(參政)은 종이품(從二品)의 관직.

▷ 留 : 머무를 류. ~을 뒤로 미루다. ~을 남겨두다. ~을 두다. ▷ 餘 : 남을 여. ▷ 巧 : 기교 교, 재주 교. ▷ 以 : 앞의 문장을 받아서 '~함에 따라서(근거하여), ~으로써'로 풀이. → '留有餘不盡之巧' 함으로써 還造物하고. ▷ 還 : 되돌아올 환, 돌려보낼 환. ▷ 祿 : 녹봉 록. *녹봉(祿俸) = 봉록(俸祿) = 연봉(年俸).

35.

黃金千兩이 未爲貴요 得人一語가 勝千金이니라
(황금천량 미위귀 득인일어 승천금)

黃金千兩이	황금 천량이
未爲貴요	귀한 것이 아니고
得人一語가	남의 좋은 말 한마디 듣는 것이
勝千金이니라	천금보다 나은 것이니라.

▷ 爲 : 될 위. ▷ 得에는 德이라는 뜻도 가지고 있다. ▷ 勝 : 이길 승, 나을 승, 뛰어날 승.

36.

巧者는 拙之奴요 苦者는 樂之母이니라
(교자 졸지노 고자 락지모)

巧者는	재주 있는 사람은
拙之奴요	재주 없는 사람의 종이요
苦者는	괴로움은
樂之母이니라	즐거움의 모체니라.

* 재주 있는 사람은 재주 없는 사람의 종이 되고(작은 재주에 얽매여 오히려 재주가 없는 사람의 밑으로 들어가게 되고), 괴로움은 즐거움의 근본이 된다.

▷ 巧 : 재주 교. ▷ 拙 : 서투를 졸.

37.

소선 난감중재 심경 불의독행
小船은 難堪重載요 深逕은 不宜獨行이니라

小船은	작은 배는
難堪重載요	무겁게 실으면 견디기 어렵고,
深逕은	으슥한 길은
不宜獨行이니라	혼자 다니기 마땅치 않다

* 작은 배는 무거운 짐을 견디기 어렵고, 으슥한 길은 혼자 다녀서는 안 된다.

▷ 堪 : 견딜 감. ▷ 載 : 실을 재. ▷ 逕 : 좁은 길 경, 지름길 경. 道〉路〉逕.
▷ 宜 : 마땅히 ~하여야 한다.

38.

황금 미시귀 안락 치전다
黃金이 未是貴요 安樂이 値錢多니라

黃金이	황금이
未是貴요	귀한 것이 아니고
安樂이	편안하고 즐거운 것이
値錢多니라	값진 것이니라.

▷ '未, 不, 無, 非, 莫' → 부정(否定)을 나타냄. ▷ 是 : ~이다. ▷ 値 : 값 치, 값할 치, 가질 치. ▷ 錢 : 돈 전.

39.

在家에 不會邀賓客이면 出外에 方知少主人이니라
(재가 불회요빈객 출외 방지소주인)

在家에	집에 있을 때
不會邀賓客이면	손님을 맞아 대접할 줄 모르면
出外에	외출했을 때
方知少主人이니라	바야흐로 주인이 적음을 알게 되느니라.

▷ 會 : 맞을 회. ▷ 邀 : 맞을 요. ▷ 方 : 바야흐로 방. '비로소, 그때서야, 막, 방금(方今)'. ▷ 少 : ~이 적다.

40.

貧居鬧市無相識이요 富住深山有遠親이니라
(빈거뇨시무상식 부주심산유원친)

貧居鬧市無相識이요	가난하면 번화한 시장에 살아도 서로 아는 이 없고
富住深山有遠親이니라	부자면 깊은 산속에 거주해도 먼 친척이 찾아오게 되느니라.

▷ 居 : 살 거. 住 : 살 주. 居住. ▷ 鬧 : 시끄러울 뇨. ▷ 親 : 친할 친, 어버이 친, 친척 친.

41.

人義는 盡從貧處斷이요 世情은 便向有錢家니라

(인의 / 진종빈처단 / 세정 / 변향유전가)

人義는	사람의 의리는
盡從貧處斷이요	다 가난한데서 단절되기 쉽고
世情은	세상 인정은
便向有錢家니라	곧 돈 있는 집으로 향하게 되느니라.

* 사람의 의리는 다 가난한 데서 끊어지고, 세상의 인정은 곧 돈 있는 집으로 향한다.

▷ 盡 : 다할 진, 모두 진. ▷ 從 : 좇을 종, 따를 종 '~을 좇아, ~을 따라'.
▷ 斷 : 끊을 단. ▷ 便 : 문득 변, 곧 변. ▷ 向 : 향할 향.

42.

寧塞無底缸이언정 難塞鼻下橫이니라

(영색무저항 / 난색비하횡)

寧塞無底缸이언정	차라리 밑 빠진 독은 막을지언정
難塞鼻下橫이니라	코밑에 가로 놓인 것은 막기 어려우니라.

▷ 寧 : 차라리 녕. ▷ 塞 : 막을 색. ▷ 鼻 : 코 비. ▷ 缸 : 항아리 항.
▷ 橫 : 가로 횡, 가로놓일 횡. ▷ 難 : ~하기 어렵다.

43.

인 정 개 위 군 중 소
人情은 皆爲窘中疎니라

人情은	인정은
皆爲窘中疎니라	대개가 궁색한 데서 멀어지게 되기 쉬우니라.

▷ 皆 : 다 개. ▷ 爲 : 될 위. ▷ 窘 : 막힐 군, 궁해질 궁. ▷ 疎 : 성길 소.

44.

사 기 왈 교 천 례 묘 비 주 불 향 군 신 붕 우 비
史記에 曰 郊天禮廟는 非酒不享이요 君臣朋友는 非
주 불 의 투 쟁 상 화 비 주 불 권 고 주 유 성 패
酒不義요 鬪爭相和는 非酒不勸이라 故로 酒有成敗
이 불 가 범 음 지
而不可泛飮之니라

史記에 曰	사기에 말하기를,
郊天禮廟는	“하늘의 교제와 사당의 제사는
非酒不享이요	술이 아니면 흠향하지 않고
君臣朋友는	임금과 신하, 벗 사이에도
非酒不義요	술이 아니면 의롭지 않고
鬪爭相和는	싸우고 서로 화해하는 데도
非酒不勸이라	술이 아니면 권하지 못할 것이다.
故로	그러므로

酒有成敗而不可泛飮之니라	술은 성공과 실패를 가늠하는데 가히 엎어지도록 마셔서는 안 되느니라."

▷ 郊 : 들 교, 성 밖 교. 郊天 : 왕이 성 밖 들에 나가 하늘에 제사를 지내던 의식. ▷ 廟 : 사당 묘. ▷ 享 : 누릴 향, 드릴 향. ▷ 鬪 : 싸울 투. ▷ 爭 : 다툴 쟁. ▷ 和 : 화할 화. ▷ 勸 : 권할 권. ▷ 故 : 그러므로, 그래서, 이 때문에. ▷ 而 : ~하여, ~여서. ▷ 泛 : 뜰 범, 부을 범. 泛飮 : 물을 쏟아 붓듯이 마심. ▷ 之 : 그, 그것. '泛飮之' → 泛飮하는 것.

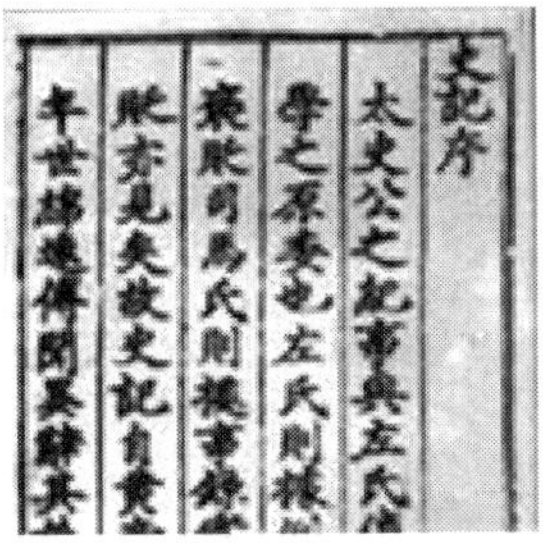

史記序
太史公之記事與左氏
學之原委也左氏則採
褒貶司馬氏則據事錄
貶寄見矣故史記自黃
年世締造傳聞異辭其

45.

子曰 士志於道而恥惡衣惡食者는 未足與議也이니라

(자왈 사지어도이치악의악식자 미족여의야)

子曰	공자께서 말씀하기를,
士志於道而恥惡衣惡食者는	"선비가 도에 뜻을 두고 거친 의식을 부끄러워하는 자는
未足與議也이니라	족히 더불어 의논할 자가 못되느니라."

▷ 於 : ~에, ~에서. ▷ 而 : ~하나, ~하여도, ~하지만. ▷ 恥 : 부끄러워할 치. ▷ 惡衣惡食 ↔ 好衣好食. ▷ 足 : 넉넉할 족. ~하기에 족하다(충분하다). ▷ 與 : 더불어 할 여, 같이 할 여. ▷ 議 : 의논할 의. ▷ 也 : ~이다.

46.

순자왈 사유투우즉현교불친 군유투신즉현인부지
荀子曰 士有妬友則賢交不親하고 君有妬臣則賢人不至니라

(49번까지 이어짐)

荀子曰	순자가 말하기를,
士有妬友則賢交不親하고	"선비가 벗을 투기하는 일이 있으면 어진 벗과 친할 수 없고
君有妬臣則賢人不至니라	임금이 신하를 투기하는 일이 있으면 어진 신하가 이르지 않느니라."

* 남을 시기하고 질투하여 생기는 폐해는 다만 선비나 임금에만 그치는 것이 아니다. 선비의 책무는 학문을 익혀 자신이 익힌 바를 세상에 드러내어 임금이 나라를 잘 다스릴 수 있도록 보필하는 데 있다. 이런 까닭에 선비는 하늘을 우러러 한 점 부끄럼이 없고, 세상의 시비에 휘말려 쉽게 오락가락하지 않는다. 그러니 벗을 질투할 까닭이 없다. 벗을 질투하는 선비라면 이미 선비가 아닌 까닭이니, 어진 벗과 친해질 수 없는 것은 당연하다. 또 나라의 어버이인 임금이 뛰어난 신하를 질투한다면, 그 임금 곁에 어찌 어진 신하가 남아 있겠는가. 세상에 아무리 많은 인재가 있더라도 신하의 재주를 투기하는 임금에게는 아무 소용이 없다. 선비가 뜻을 잃는 것은 작은 일이지만, 임금이 뜻을 잃으면 나라가 망할 수도 있다.

▷ 妬 : 질투할 투, 시기할 투. ▷ '則, 如, 若, 雖' 등은 가정(假定)을 나타내어 '만일(만약) ~한다면, 비록 ~하더라도'의 뜻. '如, 若, 雖'은 주로 글의 첫머리에 쓰이고 '則'은 글의 중간에 주로 쓰인다.

47.

천불생무록지인 지부장무명지초
天不生無祿之人하고 地不長無名之草이니라

天不生無祿之人하고	하늘은 녹 없는 사람을 내지 않고
地不長無名之草이니라	땅은 이름 없는 풀을 기르지 않느니라.

▷ 生 : ~을 낳다, 생기게 하다. ▷ 祿 : 복 록, 녹봉 록. 福祿 = 행복. ▷ 長 : 기를 장.

48.

대부 유천 소부 유근
大富는 由天하고 小富는 由勤이니라

大富는 由天하고	큰 부자는 하늘이 내리고
小富는 由勤이니라	작은 부자는 근면에 있느니라.

▷ 由 : 말미암을 유. ~함에 따라, ~에서부터. ▷ 勤 : 부지런할 근.

49.

성가지아 석분여금 패가지아 용금여분
成家之兒는 惜糞如金하고 敗家之兒는 用金如糞이니라

成家之兒는	가정을 이룰 아이는
惜糞如金하고	똥 아끼기를 금같이 하고
敗家之兒는	가정을 망칠 아이는
用金如糞이니라	돈쓰기를 똥같이 하느니라.

▷ 惜 : 아낄 석. ▷ 糞 : 똥 분.

50.

강절소선생 왈 한거 신물설무방 재설무방
康節邵先生이 曰 閑居에 愼勿說無妨하라 纔說無妨
변유방 상구물다능작질 쾌심사과필유앙
便有妨이니라 爽口勿多能作疾이요 快心事過必有殃
여기병후능복약 불약병전능자방
이라 與其病後能服藥이요 不若病前能自防이니라

康節邵先生이 曰	강절소(소강절) 선생이 말하기를,
閑居에	“한가하게 살 때에
愼勿說無妨하라	삼가하고 걱정 없다고 말하지 말라.
纔說無妨便有妨이니라	겨우 걱정거리가 없다고 하자 문득 걱정이 생기기 쉽다.
爽口勿多能作疾이요	맛있는 음식이라도 많이 먹지 말라. 병이 생기기 쉽고,

快心事過必有殃이라	마음이 상쾌한 사업이라 해서 과하면 재앙이 있게 된다.
與其病後能服藥이요	병난 후에 약 먹느니 보다는
不若病前能自防이니라	병나기 전에 자기가 조심하는 것만 같지 못하느니라."

* 愼勿說(신물설) : 삼가서 ~라고 말하지 말라. 無妨(무방) : 꺼릴 것이 없음. 거리낄 것이 없음. 纔(겨우, 방금 재) : 겨우. 조금. 약간. 잠깐. 爽口物多(상구물다) : 입에 맞는 상쾌한 음식도 많으면. 與(더불어 여, 미칠 여, 줄 여) : 미치다. "及(미칠 급)"과 같은 뜻. 不若(불약) : 같지 못함.

▷ 閑 : 한가할 한. ▷ 居 : 살 거. ▷ 愼 : 삼갈 신. ▷ 妨 : 방해할 방, 거리낄 방. ▷ 纔 : 겨우 재, 방금 재. ▷ 便 : 문득 변, 곧 변. ▷ 爽 : 시원할 상, 상쾌할 상, 즐거울 상. 爽口 : 입이 즐거움. 입에 딱 맞는 맛있는 음식. ▷ 能 : ~할(될) 수 있다(가정). ▷ 快 : 쾌할 쾌. ▷ 過 : 심할 과. '지나치다. 과하다. 과도하다.' ▷ 殃 : 재앙 앙. ▷ 與 : 더불어 여, 따를 여. ▷ 服 : 약 먹을 복. ▷ 不若 = 不如 ~같지 않다, ~하는 것만 못하다.

51.

자동제군수훈 왈 묘약 난의원채병 횡재
梓童帝君垂訓에 曰 妙藥이 難醫冤債病이요 橫材도
불부명궁인 생사사생 군막원 해인인해
不富命窮人이라 生事事生을 君莫怨하고 害人人害를
여휴진 천지자연개유보 원재아손근재신
汝休嗔하라 天地自然皆有報하니 遠在兒孫近在身이
니라

(55번까지 계속 이어짐)

梓童帝君垂訓에 曰	자동제군이 훈계를 내려 말하기를,
妙藥이	"신묘한 영약도
難醫冤債病이요	원한의 병을 고치기 어렵고
橫材도	뜻밖에 생기는 재산도
不富命窮人이라	운이 없는 사람은 부자가 될 수 없고,
生事事生을	일이 생기고 나서 일이 생기는 것을
君莫怨하고	그대는 원망치 말고,
害人人害를	남을 해치고 나서 남이 나를 해치는 것을
汝休嗔하라	너는 꾸짖지 말라.
天地自然皆有報하니	천지자연은 다 보람이 있으니
遠在兒孫近在身이니라	멀게는 자손에 있고 가깝게는 자기 몸에 있느니라."

* 남에게 원한을 사게 하지 말고 선함을 베풀라는 말로, 악을 행하고 원한을 사면 그 앙갚음이 자신에게 이루어지지 않는다 해도 반드시 그 후손에게 미치어 해를 당한다 하는 말. 옛 속어에 '남을 해하는 행동을 하면 자손이 귀(절손)하다'고 했다.
* 梓-가래나무 자(재).목수 재. 관 재. 고향 재. 목기 재. 潼-강이름 동. 帝-임금 제. 君-임금 군. 자(또는 재)동제군-道家(도가)에서 모시는 신으로 文昌府(문창부)의 일과 인간의 祿籍(녹적-길흉화복)을 관장하는 일을 맡은 신. 垂-드리울 수. 내리다. 주다. 訓-가르칠 훈. 수훈-훈계를 내림. 寃-원통할 원. 債-빚 채. 빌릴 채. 橫-비낄 횡. 막힐 횡. 뒤얽힐 횡. 가로 횡. 窮-다할 궁. 궁할 궁. 君-그대 군. 자네 군. 남편 군. 莫-없을 막. 말 막.~하지 말라. 怨-원망할 원. 汝-너(이인칭) 여. 休-말(하지 말라) 휴. 그만둘 휴. 멈출 휴. 금지할 휴. 쉴 휴. 嗔-성낼 진. 책망할 진. 報-갚을 보. 보답할 보.

▷ 梓潼帝君 : ①진(晋) 나라 때의 도학자(道學者) ②촉(蜀)나라의 자동(梓潼) 사람 장아자(張亞子) ③도교(道教)에서 신봉하는 신으로 祿星(녹성), 괴성(魁星),

문창제군(文昌帝君)이라고도 한다. ▷ 垂 : 베풀 수. ▷ 妙 : 묘할 묘. ▷ 醫 : 의원 의, 치료할 의. ▷ 橫財 : 뜻밖에 얻은 재물. ▷ 休 = 莫(금지).

52.

화락화개개우락 금의포의갱환착 호가미필
花落花開開又落하고 錦衣布衣更換着이라 豪家未必
상부귀 빈가미필장적막 부인미필상청소 추
常富貴요 貧家未必長寂寞이라 扶人未必上靑宵요 推
인미필전구학 권군범사 막원천 천의어인
人未必塡溝壑이라 勸君凡事는 莫怨天하라 天意於人
무후박
에 無厚薄이니라

花落花開開又落하고	꽃은 지었다가 피고 피었다가 또 진다.
錦衣布衣更換着이라	비단옷도 다시 베옷으로 바꿔 입는다.
豪家未必常富貴요	부호의 집이라 하여 꼭 언제나 부귀하지는 못하고
貧家未必長寂寞이라	가난해도 꼭 영원히 적막하지는 않는다.
扶人未必上靑宵요	사람이 붙잡아 주어도 꼭 푸른 하늘에는 올라가지 못하고
推人未必塡溝壑이라	사람이 밀어도 꼭 깊은 구덩이에 떨어지지만은 않는다.
勸君凡事는	그대에게 권하노니
莫怨天하라	모든 일에 하늘을 원망하지 말라
天意於人에	하늘의 근본 뜻은 사람들에게
無厚薄이니라	후하고 박함이 없느니라.

▷ 又 : 또 우. ▷ 錦 : 비단 금. ▷ 布 : 베 포. ▷ 更 : 다시 갱. *고칠 경. ▷ 換 : 바꿀 환. ▷ 着 : 입을 착. ▷ '未必'은 '不必, 不常, 不甚, 不皆, 不復' 등과 함께 부분 부정을 나타내며 '항상 ~하지는 않는다, 반드시 ~하는 것은 아니다'의 뜻. ▷ 長 : 오랠 장. ▷ 寂 : 고요할 적. ▷ 寞 : 쓸쓸할 막. ▷ 扶 : 도울 부, 떠받칠 부, 붙들 부. ▷ 上 : 오를 상. ~에 오르다. ▷ 霄 : 하늘 소. ▷ 推 : 밀 추. ▷ 塡 : 메울 전. ▷ 溝 : 도랑 구. 壑 : 골(谷) 학 溝壑 : 구렁텅이, 구덩이. ▷ 於 : ~에게, ~에. ▷ 厚 : 두터울 후. ▷ 薄 : 엷을 박.

53.

감탄인심독사사 수지천안전여차 거년망취동린
堪歎人心毒似蛇라 誰知天眼轉如車요 去年妄取東隣

물 금일환귀북사가 무의전재탕발설 당래
物이니 今日還歸北舍家라 無義錢財湯潑雪이요 儻來

전지수추사 약장교휼위생계 흡사조개모락화
田地水推沙니라 若將狡譎爲生計면 恰似朝開暮落花

이라

堪歎人心毒似蛇라	사람의 마음이 독하기가 뱀 같음을 한탄하여 마지않는다.
誰知天眼轉如車요	하늘에서 보는 눈이 수레바퀴처럼 돌아가고 누가 있음을 알리요.
去年妄取東隣物이니	지난해에 망령되게 동쪽 이웃의 물건을 취했더니
今日還歸北舍家라	오늘날에는 북쪽 집으로 돌아가게 되니
無義錢財湯潑雪이요	불의로 가진 돈과 재물은 끓는 물에서 눈 녹듯이 없어질 것이고
儻來田地水推沙니라	뜻밖에 얻어진 전답은 물결에 밀려온 모래와 같다.

若將狡譎爲生計면	만약 장차 간사하고 속임수의 방법으로 생계를 삼는다면
恰似朝開暮落花이라	아침 구름과 저녁에 지는 꽃과도 흡사하다.

* 堪歎(감탄); 탄식하여 마지않음, 毒似蛇(독사사); 독하기가 뱀과 같음, 誰知(수지); 누가 알리요? 天眼(천안); 불교에서 말하는 오안(五眼)의 하나, 미세한 사물까지도 멀리 널리 볼 수 있으며, 미래의 생사까지 볼 수 있다는 눈, 轉如車(전여거); 수레바퀴처럼 돌아감을 뜻함, 妄取(망취); 망령되이 취함, 還歸(환귀); 제자리로 돌아감, 湯潑雪(탕발설); 끓는 물에 뿌려진 눈, 儻來(당래); 문득 들어옴, 우연히 굴러옴, 水推沙(수추사); 물에 밀린 모래, 狡譎(교휼); 교활한 속임수, 恰似(흡사); 꼭 ~와 같음.

▷ 堪 : 견딜 감. ▷ 歎 : 탄식할 탄. 堪歎 : 탄식해 마지않는다. ▷ 似 : 같을 사, 닮을 사 = 如. ▷ 蛇 : 뱀 사. ▷ 誰 : 누구 수. ▷ 轉 : 구를 전. ▷ 妄 : 망령될 망. ▷ 隣 : 이웃 린. ▷ 舍 : 집 사. ▷ 湯 : 끓일 탕, 끓는 물 탕. ▷ 潑 : 뿌릴 발. ▷ 儻 : 갑자기 당. 당래 : 뜻밖에(우연히) 들어오다. ▷ 將 : ~로써, ~을 가지고서. ▷ 狡 : 교활할 교. ▷ 譎 : 속일 휼. ▷ 爲 : ~으로 삼다, ~으로 여기다. ▷ 恰 : 마치 흡, 흡사할 흡.

54.

無藥可醫卿相壽요 有錢難買子孫賢이니라
(무약가의경상수 유전난매자손현)

無藥可醫卿相壽요	재상의 수명을 고칠 수 있는 약은 없고
有錢難買子孫賢이니라	자손의 현명함을 돈이 있어도 사기 어렵다.

▷ 醫 : 의원 의, 치료할 의. ▷ 卿 : 벼슬 경. 공경(公卿) : 삼공(三公)과 구경(九卿). 조선 시대 삼정승(三政丞)과 구경(九卿)을 통틀어 이르던 말. 곧 영의정,

좌의정, 우의정, 의정부 좌우참찬(議政府左右參贊), 육조판서(六曹判書), 한성판윤(漢城判尹)을 이르던 말이다. 중국 주나라 때, 삼공과 소사(少師), 소부(少傅), 소보(少保), 총재(冢宰), 사도(司徒), 종백(宗伯), 사마(司馬), 사구(司寇), 사공(司空) 등을 통틀어 이르던 말. ▷ 相 : 재상(宰相) 상. ▷ 壽 : 목숨 수. ▷ 買 : 살 매.

55.

一日清閑이면 一日仙이니라
(일일청한 / 일일선)

一日淸閑이면	하루라도 마음이 맑고 한가로우면
一日仙이니라	그 하루는 신선이 되느니라.

▷ 淸 : 맑을 청. 閑 : 한가할 한. 淸閑 : 마음이 맑고 깨끗하며 한가함.
▷ 仙 : 신선 선.

12. 省心篇下(성심편 하)

명경(明鏡), 즉 밝은 거울로 얼굴을 살펴보듯
마음의 거울로 자신을 살펴보라는 교훈.(자아성찰)

1.

진종황제어제 왈 지위식험 종무라망지문
眞宗皇帝御製에 曰 知危識險이면 終無羅網之門이요
거선천현 자유안신지로 시인포덕 내세대지
擧善薦賢이면 自有安身之路라 施仁布德은 乃世代之
영창 회투보원 여자손지위환 손인이기
榮昌이요 懷妬報寃은 與子孫之爲患이라 損人利己면
종무현달운잉 해중성가 기유장구부귀
終無顯達雲仍이요 害衆成家면 豈有長久富貴리요
개명이체 개인교어이생 화기상신 개시불
改名異體는 皆因巧語而生이요 禍起傷身은 皆是不
인지소
仁之召니라

眞宗皇帝御製에 曰	진종황제 어제에 말하기를,
知危識險이면	"위태함을 알고 험한 것을 알면
終無羅網之門이요	마침내 그물에 걸리는 일이 없을 것이오.
擧善薦賢이면	선한 일을 받들고 어진 사람을 천거하면
自有安身之路라	스스로 내 몸이 편안한 길이 되고,
施仁布德은	인을 베풀고 덕을 폄은

乃世代之榮昌이요	곧 대대로 번영을 가져올 것이다.
懷妬報冤은	시기하는 마음을 품고 원한에 보복함은
與子孫之爲患이라	자손에게 근심을 끼쳐주는 것이오.
損人利己면	남을 해롭게 해서 자기를 이롭게 한다면
終無顯達雲仍이요	마침내 현달한 자손이 없고,
害衆成家면	뭇 사람을 해롭게 해서 성가(成家)를 한다면
豈有長久富貴리요	어찌 그 부귀가 길게 가겠는가.
改名異體는	이름을 갈고 몸을 달리함은
皆因巧語而生이요	모두 교묘한 말로 말미암아 생겨나고,
禍起傷身은	재앙이 일어나고 몸이 상하게 됨은
皆是不仁之召니라	다 어질지 못함이 부르는 것이니라."

* 이 글은 위험한 일을 하지 말며, 어진 이를 돕고, 인덕(仁德)을 많이 베풀 것을 강조하고 있다. 또 남을 해롭게 해서 나를 이롭게 한다든지, 많은 사람에게 손실을 입혀서 자기 집을 부유하게 만든다든지, 교묘한 말을 하는 등등의 불인(不仁)한 짓을 하지 말도록 경계하고 있다.

* 眞宗皇帝(진종황제) : 송(宋)나라의 3대(代) 황제로서 재위기간은 997/998년~1022/23년이며, 이름은 조항(趙恒)으로 유교를 강화하였다. 북쪽의 유목민족인 거란족과 휴전조약을 체결하여 몇 십 년 간 지속되던 전쟁을 끝냈다. 이때 체결한 산하이관[山海關] 조약(1044년)으로 송은 만리장성 이남의 연운(燕雲) 16주를 영구히 포기하는 데 동의했다. 진종은 신의 계시라고 하여 잇달아 새로운 제식(祭式)들을 만들었는데, 그것들은 유교의 경쟁 상대였던 불교와 도교의 혼합물이었다. 또한 유교의 영향력을 강화시켜 1011년 모든 지방 도시들에 공자의 사원을 세우라는 명을 내렸다. 이러한 개혁으로 백성들에게 천자의 정통성을 더욱 강하게 인식시킬 수 있었다. 그러나 그는 말년에 정신이상이 생겨 그의 황후가 권력을 잡았다. 御製(어제)는 임금이 지은 글. 御가 붙어서 복합명사가 될 때는 주로 御는 임금을 가리키는 말이다. 製는 지을 제. 만들 제.

* 知危識險은 知識危險을 술목관계로 재결합시킨 말이다. 布는 명사로는 베포. 終은 부사로 마침내 종. 羅는 명사로는 그물 라. 술어로는 벌일 라. 여기서는 술어로 쓰였다. 網은 그물 망. 薦은 천거할 천. 懷는 품을 회. 寃은 원통할 원. 與는 줄 여. "與子孫之爲患"구절을 직역하면 "자손의 근심됨을 주다"이다. 顯은 나타낼 현, 드러낼 현. 雲仍(운잉)은 구름처럼 멀고도 아득한 자손을 뜻하는 말로 한 단어로 쓰인다. 자세히 말하자면, 雲孫은 8대손이고, 仍孫은 7대손이지만 雲仍(운잉)이라고 하면 아주 먼 자손을 뜻한다.

* 豈는 어찌 기. 因+명사(구, 절) : ~에서 인하다. ~에서 기인하다. 是는 "~이다."의 뜻이다. 召는 부를 소. "不仁之召"는 직역하면 "불인(不仁)의 부름"이지만 위 문장에서는 之를 우리말로 옮길 때 관형격 조사보다는 주격 조사로 옮기는 것이 우리말에 자연스럽다. 之는 관형격 조사로 보는 것이 타당하고, 다만 우리말로 옮길 때 문장에 따라서는 주격 또는 목적격 조사로 옮기는 것이 자연스러울 때가 있다.

▷ 險 : 험할 험. ▷ 擧 : 들 거. ▷ 自 : 스스로 자, 저절로 자. ▷ 施 : 베풀 시. ▷ 布 : 펼 포. ▷ 乃 : 이에 내, 곧 내. ▷ 昌 : 창성할 창, 번성할 창. ▷ 妬 : 질투할 투. ▷ 顯 : 나타날 현, 영달할 현. 顯達 = 立身出世. ▷ 仍 : 인할 잉, 거듭 잉. 雲仍 = 雲孫(8대손) + 仍孫(7대손). 아주 먼 자손을 뜻함. 昆孫(6대손, 현손의 손자), 來孫(5대손, 현손의 아들), 玄孫(4대손, 손자의 손자). ▷ 久 : 오랠 구. ▷ 皆 : 다 개. ▷ 傷 : 상할 상, 다칠 상. ▷ 是 : ~이다. ▷ 召 : 부를 소.

2.

神宗皇帝御製에 曰 遠非道之財하고 戒過度之酒하며 居必擇隣하고 交必擇友하며 嫉妬를 勿起於心하고 讒言을 勿宣於口하고 骨肉貧者를 莫疎하고 他人富者를 莫厚하며 克己는 以勤儉爲先하고 愛衆以謙和爲首하며 常思已往之非하고 每念未來之咎하라 若依朕之斯言하면 治國可而可久니라

神宗皇帝御製에 曰,	신종황제 어제에 말하기를,
遠非道之財하고	“도가 아닌 재물을 멀리하고
戒過度之酒하며	정도에 지나치는 술을 경계하며,
居必擇隣하고	거주할 때에는 반드시 이웃을 가리고
交必擇友하며	사귐에는 반드시 벗을 가리고
嫉妬를 勿起於心하고	남을 질투하는 마음을 마음에 일으키지 말고
讒言을 勿宣於口하고	남을 헐뜯어 말하지 말며,
骨肉貧者를 莫疎하고	골육의 가난한 자를 소원히 하지 말고
他人富者를 莫厚하며	타인의 부유한 자를 후대하지 말며
克己는 以勤儉爲先하고	자기의 사욕을 극복함은 근검을 첫째로 삼고
愛衆以謙和爲首하며	사람을 사랑하되 겸손함과 온화함을 첫째로 삼으며,
常思已往之非하고	언제나 지나간 날의 잘못됨을 생각하고

每念未來之咎하라	매양 미래의 허물을 생각하라.
若依朕之斯言하면	만약 나의 이 말에 의거하면
治國可而可久니라	나라와 집안을 다스림이 가히 오래갈 수 있을 것이다.”

* 신종황제는 송(宋)나라의 6번째 임금이다. 〈북송〉1. 조광윤(趙匡胤) - 태조 효황제(太祖) 960~976. 2. 조광의(趙匡義) - 태종 덕황제(太宗) 976~997. 3. 조항(趙恆) - 진종 장황제(眞宗) 997~1022. 4. 조정(趙禎) - 인종 명황제(仁宗) 1022~1063. 5. 조서(趙曙) - 영종 선황제(英宗) 1063~1067. 6. 조욱(趙頊) - 신종 흠황제(神宗) 1067~1085. 7. 조후(趙煦) - 철종 소황제(哲宗) 1085~ 1100. 8. 조길(趙佶) - 휘종 현황제(徽宗) 1100~1125. 9. 조환(趙桓) - 흠종 인황제(欽宗) 1125~ 1127.
* 신종은 중국 송나라의 제6대 황제(1067/68~85/86 재위)로서 이름은 조욱(趙頊)이다. 그의 재위 중에 구양수(歐陽修)·소동파(蘇東坡) 등의 위대한 문인들이 활동했다. 신종의 재위 중에 급진적인 개혁가인 왕안석(王安石)이 사회·경제 개혁을 단행했다. 매년 봄·여름 춘궁기(春窮期)가 되었을 때 정부가 농민에게 낮은 이자로 돈을 빌려주는 제도인 청묘법(靑苗法)이 시행되었고, 불균등한 조세제도를 고치기 위해 새로운 토지조사인 장량(丈量)을 통해 방전균세법(方田均稅法)이 이루어졌다. 또한 한 지역의 물품을 구입하여 다른 지역에서 판매하는 시역법(市易法)에 의해 정부수입이 증대되었다. 군사력을 확대하기 위해서 신종과 왕안석은 전국에 지방군대의 훈련을 지시했다. 또한 정부는 말을 사서 화북지방의 농가에서 말을 양육하도록 위탁했으며 위탁 농가에서는 비상시에 가족을 1명씩 내보내어 기병으로 복무시킬 의무가 있었다. 신종이 개혁을 지속적으로 추진했으나, 왕안석은 지나칠 정도로 개인적인 적들을 많이 만들어서 1076년에 결국 관직에서 물러났다. 신법(新法)의 방대함과 관료주의의 경직성 때문에 신법은 큰 성공을 거두지 못했다. 신종이 죽은 후 개혁정책을 비판한 보수적인 관료들이 그의 아들인 어린 황제를 보좌하여 섭정을 했다. 새 황제가 성년이 되었을 때 개혁정치가 다시 시행되었으나, 보수적인 구법당(舊法黨)과 개혁파인 신법당의 당파

싸움은 몇 세대 동안 지속되었다. 이러한 당파싸움으로 신종의 개혁정책은 효과를 발휘할 기회가 없었을 뿐 아니라, 양 당파의 정책이 가진 효과들조차도 쓸모없는 것이 되었다.

* 遠은 타동사로 "~을 멀리하다"의 뜻이다. 擇은 가릴 택. 宣은 베풀 선.
* 讒은 참소(讒訴)할 참. 讒訴는 터무니없는 사실로 남을 헐뜯어 윗사람에게 일러바치는 일을 뜻한다.
* 骨肉은 일가 형제친척을 비유한 관용어로 쓰인다. 骨肉은 곧 血肉과 뜻이 같은 단어다.
* 疎(소)는 "(촘촘하거나 정제되지 않고) 성기다. 거칠다"의 뜻도 있고, "(친함, 인정) ~을 소원하게 하다"의 뜻으로도 쓰인다.
* 以A爲B= A로서 B로 삼다. A를 B로 여기다.
* 咎는 허물 구. 依는 의지할 의. 朕(짐)은 황제의 자칭(自稱)이다.

▷ 度 : 정도 도. *過度 : 정도가 지나침. ▷ 隣 : 이웃 린. ▷ 嫉 : 시기할 질. 妬 : 질투할 투. ▷ 於 : ~에. ▷ 讒 : 참소할 참, 해칠 참, 중상할 참. *讒訴(참소) : 남을 헐뜯어서 없는 죄를 있는 듯이 꾸며 고해바치는 일. ▷ 宣 : 베풀 선, 펼 선. '생각을 말하다'의 뜻. ▷ 骨肉 = 血肉 일가(一家) 형제 친척. ▷ 疎 : 멀 소, 친하지 않을 소. ▷ 以~A 爲~B : A로써 B로 삼다. A를 B로 여기다. ▷ 勤 : 부지런할 근. ▷ 儉 : 검소할 검. ▷ 謙 : 겸손할 겸. ▷ 和 : 화할 화. ▷ 常 : 항상 상. ▷ 非 : 비리, 거짓, 잘못 등의 뜻. ▷ 每 : 매양 매. 매번, 늘, 언제나. ▷ 朕 : 나 짐. 황제가 스스로를 칭하는 말. ▷ 斯 : 이 사.

3.

고 종 황 제 어 제　　왈　　일 성 지 화　　능 소 만 경 지 신
高宗皇帝御製에　曰　一星之火도　能燒萬頃之薪하고
반 구 비 언　　오 손 평 생 지 덕　　신 피 일 루　　상 사 직 여
半句非言도　誤損平生之德이라　身被一縷나　常思織女
지 영　　일 식 삼 손　　매 념 농 부 지 고　　구 탐 투 손
之榮하고　日食三飧이나　每念農夫之苦하라　苟貪妬損
　종 무 십 재 안 강　　적 선 존 인　　필 유 영 화 후 예
은　終無十載安康하고　積善存仁이면　必有榮華後裔니
　복 연 선 경　　다 인 적 행 이 생　　인 성 초 범　　진 시
라　福緣善慶은　多因積行而生하고　人聖超凡은　盡是
진 실 이 득
眞實而得이니라

高宗皇帝御製에 曰	고종황제 어제에 말하기를,
一星之火도	"한 점의 불티도
能燒萬頃之薪하고	능히 만경의 숲을 태우고,
半句非言도	짧은 반 마디 그릇된 말이
誤損平生之德이라	평생의 덕을 허물어뜨린다.
身被一縷나	몸에 한 오라기의 실을 입었어도
常思織女之榮하고	항상 베 짜는 여자의 수고로움을 생각하고,
日食三飧이나	하루 세 끼니의 밥을 먹거든
每念農夫之苦하라	농부의 힘든 것을 생각하라.
苟貪妬損은	미워하고 탐내고, 시기해서 남에게 손해를 끼친다면
終無十載安康하고	마침내 10년의 편안함도 없을 것이요,
積善存仁이면	선을 쌓고 인을 보존하면
必有榮華後裔니라	반드시 후손들에게 영화가 있으리라.
福緣善慶은	행복과 경사는

多因積行而生하고	대부분의 선행을 쌓는데서 생겨나고,
人聖超凡은	평범을 초월해서 성인의 경지에 들어가는 것은
盡是眞實而得이니라	다 진실함으로서 얻어지는 것이니라.”

* 〈남송〉 1. 조구(趙構) - 고종 헌황제(高宗) 1127~62. 2. 조선(趙昚) - 효종 성황제(孝宗) 1162~89. 3. 조돈(趙惇) - 광종 자황제(光宗) 1189~94. 4. 조확(趙擴) - 영종 공황제(寧宗) 1194~24. 5. 조윤(趙昀) - 이종 안황제(理宗) 1224~64. 6. 조기(趙禥) - 도종 경황제(度宗) 1264~74. 7. 조현(趙㬎) - 공종 도황제(恭宗) 1274~1276. 8. 조시(趙昰) - 단종 민황제(端宗) 1276~1278. 9. 조병(趙昺) - 상흥제(相興帝, 위왕) 1278~1279.
* 能+술어 : ~하기에 충분하다. 능히 ~할 수 있다. 燒는 사를 소. “~을 불사르다. ~을 태우다”의 뜻이다. 頃은 백(百)이랑 경. 薪은 섶 신. 땔나무 신. 誤는 잘못할 오. 여기서는 부사로 보는 것이 좋다.
* 縷는 실(오라기) 루. 織은 짤 직. 勞는 수고로울 로. 飧은 밥 손. 저녁밥 손. 苟(구)는 가정문을 만든다. “진실로 ~하면..”의 뜻이다. ①구차할 구. ②진실로 구. 載는 실을 재. 여기서는 “해(年) 재”의 뜻이다.
* 存은 타동사로 “(마음, 심성, 품성 등등)~을 지니다. ~을 간직하다”의 뜻이다. 裔는 후손 예. 凡은 ①무릇 범. ②모든 범. ③범상할 범. 盡은 ①다할 진. ②모두 진. 다 진. 여기서는 ②의 뜻이다. 盡是~ : 모두 ~이다. 是는 “~이다.”
* 고종 : 북송(北宋)의 마지막 황제인 흠종의 아들로 남송(南宋)의 제1대 황제가 됨. 중국 남송(南宋 : 1127~1279)의 제1대 황제로 이름은 조구(趙構)이며, 묘호는 고종이다. 유목민족인 여진족이 중국북부를 침략하여 그의 아버지이자 퇴위한 황제 휘종(徽宗 : 1100~25/26 재위)과 형 흠종(欽宗 : 1125/26~27 재위)을 포로로 잡아갔을 때 그는 남쪽으로 도망쳤다. 그는 1127년 상당히 축소된 영토로 중국 남부에서 왕조를 재건했다. 여진족이 그를 추적했으나, 위대한 장군 악비(岳飛)가 기병대를 거느리고 온갖 어려움에도 불구하고 중국 중부와 남부지역에서 침략자들을 몰아냈다. 그 전쟁은

많은 고난을 불러왔기 때문에 조정에서는 이 전쟁을 계속해야 할 것인가를 둘러싸고 논란이 벌어졌다. 평화를 주장하던 파가 승리하여 주전론자였던 악비는 처형되었으며, 1141년에 금(金)과의 평화협정이 체결되었다. 1162년 잠시 전쟁이 재발되었으나 같은 해 새로운 평화협정이 체결되었고, 이해에 고종은 퇴위했다. 규모는 축소되었지만, 남송은 여러 방면에서 이전의 통합된 송조보다 풍요로운 나라가 되었다.

▷ 星 : 별 성. 불티를 별똥별(유성)에 비유. ▷ 頃 : 백 이랑 경(밭 넓이의 단위. 이랑은 밭의 한 두둑과 한 고랑을 말함). ▷ 薪 : 섶 신, 땔나무 신.
▷ 句 : 글귀 구. ▷ 誤 : 그릇될 오, 잘못할 오. ▷ 損 : 덜 손, 잃을 손. ▷ 被 : 입을 피, 받을 피. ▷ 縷 : 실 루. ▷ 飧 : 밥 손, 먹을 손. ▷ 苟 : 구차할 구, 진실로 구. ▷ 貪 : 탐낼 탐. ▷ 載 : 실을 재, 해(年) 재 → 千載一遇(천재일우).
▷ 康 : 편안할 강. ▷ 存 : ~을 지니다. ~을 간직하다. ▷ 華 : 빛날 화, 꽃 화.
▷ 裔 : 후손 예. ▷ 緣 : 인연 연. ▷ 慶 : 경사 경. ▷ 而 : ~여서, ~하여.
▷ 超 : 뛰어넘을 초. ▷ 凡 : 무릇 범, 모두 범, 평범할 범. ▷ 盡 : 모두 진, 다 진 是 : ~이다. 盡是~ : 모두 다 ~이다.

4.

王良이 曰 欲知其君인댄 先視其臣하고 欲識其人인댄 先視其友하고 欲知其父인댄 先視其子하라 君聖臣忠하고 父慈子孝이니라

王良이 曰	왕량이 말하기를,
欲知其君인댄	"그 임금을 알려고 한다면
先視其臣하고	먼저 그 신하를 보고,
欲識其人인댄	그 사람을 알려고 한다면

先視其友하고	먼저 그 벗을 보고,
欲知其父인댄	그 아비를 알려고 한다면
先視其子하라	먼저 그 자식을 보라.
君聖臣忠하고	임금이 거룩하면 그 신하가 충성스럽고,
父慈子孝이니라	아비가 인자하면 자식이 효행하느니라."

* 왕량은 춘추시대 진나라 사람.
* 세 개의 댓구문에서 첫 번째 其(지시 형용사)는 영어의 the나 that에 해당하고, 두 번째 其(소유격 대명사)는 his에 해당하는 것으로 봄이 문맥상 매끄럽다.

▷ 欲 : 바랄 욕, 하고자 할 욕. ▷ 慈 : 사랑할 자.

5.

家語에 云하되 水至清則無魚하고 人至察則無徒니라

(가어 운 수지청즉무어 인지찰즉무도)

家語에 云하되	가어에 이르기를,
水至清則無魚하고	"물이 지극히 맑으면 고기가 없고,
人至察則無徒니라	사람이 지극히 살피면 친구가 없느니라."

* 家語는 『공자가어(孔子家語)』라는 책이름을 가리킨다. 공자의 언행이 기록되어 있지만 위작(僞作)이라는 것이 거의 정설이다.
* 至는 술어로는 이를 지. 한정어로는 (명사나 술어를 한정할 때는) "지극한, 지극히"의 뜻이다. 徒는 ①무리 도. ②한갓 도.

▷ 至 : 이를 지, 지극할지. ▷ 則 : ~하면(가정). ▷ 察 : 살필 찰. ▷ 徒 : 무리 도, 동아리 도.

6.

許敬宗이 曰 春雨如膏나 行人은 惡其泥濘하고 秋月이 揚輝나 盜者는 憎其照鑑이니라

許敬宗이 曰	허경종이 말하기를,
春雨如膏나	"봄비는 기름과 같으나
行人은 惡其泥濘하고	길 가는 사람은 그 질퍽질퍽한 진창을 싫어하고,
秋月이 揚輝나	가을 달빛은 밝게 비치나
盜者는 憎其照鑑이니라	도둑은 그 밝게 비치는 것을 싫어하느니라."

* 허경종 : 중국 역사상 유일한 여제(女帝)였던 당(唐)나라 측천무후(則天武后 : 690~705) 때의 학자이자 뛰어난 문장가. 건망증이 심하여 '암중모색(暗中摸索)'이란 말로 유명하다. 사람은 모두 자기위주로 사물을 대하게 된다. 따라서 아무리 공평하고 합리적인 조처일지라도 못마땅해 하는 자가 있게 마련이다.

* 膏는 기름. 고. 惡은 미워할 오. 泥는 진흙 니. 濘은 진흙 녕. 揚은 날릴 양. 輝는 빛 휘. 憎은 미워할 증. 鑑은 ①거울 감. ②비칠 감.

▷ 照 : 비출 조. ▷ 鑑 : 거울 감, 비출 감, 볼 감.

7.

경행록　운　대장부　견선명고　중명절어태

景行錄에 云하되 大丈夫가 見善明故로 重名節於泰

산　용심정고　경사생어홍모

山하고 用心精故로 輕死生於鴻毛니라

(12번까지 이어짐)

景行錄에 云하되	경행록에 이르기를,
大丈夫가 見善明故로	"대장부는 착한 것을 보는 것이 밝음으로
重名節於泰山하고	명분과 절의를 태산보다 중히 여기고
用心精故로	마음 쓰기가 깨끗함으로
輕死生於鴻毛니라	죽는 것과 사는 것을 아주 홍모와 같이 여기느니라."

* 重은 술어로 "~을 중하게 여기다." 자동사로는 ①무겁다. ②신중하다. ③중요하다.
* 於는 비교급을 나타낸다(than). 剛은 굳셀 강. 輕은 타동사로 "~을 가볍게 여기다"의 뜻. 鴻은 기러기 홍. 鴻毛는 "기러기의 털"이란 뜻으로 가벼움을 비유할 때 쓰는 단어이다.

▷ 故 : 그러므로, 그래서, 때문에. ▷ 節 : 마디 절, 절개 절. ▷ 於 : ~보다(비교).

8.

憫人之凶(민인지흉)하고 樂人之善(낙인지선)하며 濟人之急(제인지급)하고 救人之危(구인지위)니라

憫人之凶하고	남의 흉한 것을 민망히 여기고,
樂人之善하며	남의 착한 것을 즐겁게 여기며,
濟人之急하고	남의 급한 것을 건지고,
救人之危니라	남의 위태함을 구하여야 되느니라.

* 인을 베풀고 덕을 폄은 곧 대대로 번영을 가져올 것이요, 시기하는 마음을 품고 원한을 보복함은 자손에게 근심을 끼쳐주는 것이다.
* 다른 사람이 불행한 상황에 빠진 것을 보고 불쌍히 여기는 것은 인지상정이다. 『맹자』 공손축편에서 맹자는 다음과 같이 말했다. "불쌍히 여기는 마음이 없으면 사람이 아니고, 부끄러워하는 마음이 없으면 사람이 아니며, 사양하는 마음이 없으면 사람이 아니고, 옳고 그름을 아는 마음이 없으면 사람이 아니다. 불쌍히 여기는 마음은 어짊의 극치이고, 부끄러움을 아는 마음은 옳음의 극치이고, 사양하는 마음은 예절의 극치이고, 옳고 그름을 아는 마음은 지혜의 극치이다." 여기서 맹자는 인의예지(仁義禮智)의 사단(四端)을 말하고 있는데, 사단 가운데서도 어짊의 극치를 불쌍히 여기는 '측은지심(惻隱之心)'이라 하여 중요시하고 있다. 다시 말해 사람은 남을 불쌍히 여기는 착한 마음을 가지고 있는데, 이는 어린아이가 우물에 빠지면 주위에 있는 사람들이 아이를 구하려고 하는 마음과 같은 것이다. 따라서 남의 불행을 불쌍히 여기고, 남이 잘되는 것을 함께 즐거워하며, 남이 위급할 때 도와주는 것은 당연한 일이다.

▷ 憫 : 번민할 민, 민망할 민. ▷ 濟 : 건널 제, 건질 제, 구제할 제. ▷ 急 : 급할 급. ▷ 救 : 건질 구, 도울 구, 구원할 구.

9.

경목지사 공미개진 배후지언 기족심신
經目之事도 恐未皆眞이니 背後之言을 豈足深信이리요

經目之事도	직접 보고 경험한 일도
恐未皆眞이니	모두 참되지 아니할까 두렵거늘,
背後之言을	뒤에서 하는 말을
豈足深信이리요	어찌 족히 깊이 믿으리오.

▷ 經은 지날 경. "~을 지나다. ~을 겪다. ~을 경험하다"의 뜻이다. 猶는 부사로 오히려 유. 豈는 어찌 기. 深은 부사로도 잘 쓰인다. 즉, 술어 앞에 와서 甚과 같은 의미로 쓰인다. ▷ 恐 : 두려울 공. ▷ 未 : 아닐 미. ▷ 背 : 등 배. ▷ 足 : ~할 수 있다(능력이나 조건을 나타냄).

10.

불한자가급승단 지한타가고정심
不恨自家汲繩短하고 只恨他家苦井深이라

不恨自家汲繩短하고	자기 집 두레박줄이 짧은 것은 탓하지 않고
只恨他家苦井深이라	남의 집 우물 깊은 것만 탓하는 도다.

* 恨(한)은 술어로 "~을 한탄하다, ~을 한하다"의 뜻이다. 自家와 他家는 글자 그대로 꼭 자기 집과 남의 집을 가리키는 것이 아니다. 自家建設(자가건설), 自家用(자가용), 自家保險(자가보험). 蒲는 창포 포. 繩은 노 승. "노"는 실, 삼, 종이 따위로 가늘게 비비거나 꼰 줄을 뜻하는 우리말이다. 蒲繩은 두레박줄을 뜻한다. 苦井은 아주 재미있는 표현 같다. 마치 이솝우화의 신포도(sour grape)이야기에서 여우가 포도를 자기능력으로 따먹을 수 없자 그

포도가 실 것이라 생각하여 자기위안을 삼듯이, 여기서도 자기능력이 모자란 것은 모르고 높은 목표를 체념하여, 한탄 섞인 투로 위안 삼아 뱉는 말이 바로 "苦井"이다. 또는 자기의 능력으로 도달하기 힘들고 수고롭다는 뜻에서 "苦井"이라 했다.

▷ 恨 : 한할 한, 원망스럽게 생각할 한. ▷ 汲 : 물길을 급. ▷ 繩 : 줄 승.
▷ 只 : 다만 지. ▷ 苦 : 쓸 고, 괴로워할 고.

11.

장 람 만 천 하 죄 구 박 복 인
臟濫이 滿天下하되 罪拘薄福人이니라

臟濫이 滿天下하되	부정한 재물을 취하는 사람이
滿天下하되	천하에 가득할 지라도
罪拘薄福人이니라	죄는 박복한 사람에게 걸리느니라.

▷ 贓은 장물 장. 뇌물 받을 장. 濫은 넘칠 람. "贓濫"의 濫을 참람(僭濫 : 분에 넘치게 함부로 나서는 일)의 뜻으로 보고, "관리로서 뇌물을 받고, 또 분에 넘치게 함부로 행하는 일이 천하에 가득할지라도~"의 뜻으로 푼다. 拘는 잡을 구. 拘束(구속). 薄은 엷을 박.

12.

천 약 개 상 불 풍 즉 우 인 약 개 상 불 병 즉 사
天若改常이면 不風卽雨요 人若改常이면 不病卽死니라

天若改常이면	하늘이 만약 상도를 어기면

不風卽雨요	바람 아니면 비가 오고,
人若改常이면	사람이 만약 상도를 벗어나면
不病卽死니라	병 아니면 죽으리라.

* 常은 부사, 명사, 술어, 그 어느 것으로도 쓰인다. 특히 명사로 쓰이는 常은 좋은 의미로, 일정한 법칙, 지켜야 할 변치 않는 도리, 즉 상도(常道)를 가리킨다. 옥편에 常을 "떳떳할 상"으로 풀어 놓았는데 "떳떳하다"라는 뜻 보다는 "일정하다. 변치 않다"의 의미이다. 庸도 "떳떳할 용"이라 풀었는데 역시, 떳떳하다는 뜻이라기보다는 일정하다는 뜻이다.
* 風과 病은 모두 술어로 쓰였다. 不다음에는 술어가 옴을 생각할 것.
* 卽을 흔히 則과 같은 뜻으로 여기는 사람이 많은데 사실 그 쓰임새가 전혀 다른 글자이다. 則은 두 문장을 이어주는 일종의 접속사로서 앞 문장을 가정으로 해석하거나, 또는 일의 선후관계를 나타낼 때 쓰이는 글자이고, 卽은 일종의 부사로서(술어 앞에서 한정하거나 또는 단순히 부사로) "곧, 바로, 당장"의 뜻이다. 卽死(즉사), 卽興(즉흥), 卽時(즉시), 一觸卽發(일촉즉발). 옥편에 卽과 則을 모두 "곧 즉"으로 풀어 놓아서 그 쓰임새마저 같은 것으로 오인하는 경우가 있는데 전혀 다른 글자임에 유의할 것.

▷ 若 : 만일 약. ▷ 常 : 항상 상. 常道 : 늘 정해져 있어 변하지 않는 도리, 항상 사람이 지켜야 할 도리. ▷ 卽 : 곧 즉 '곧, 바로, 당장'의 뜻. 則 : ~하면 곧.

13.

壯元詩에 云하되 國正天心順이요 官淸民自安이라
妻賢夫禍少요 子孝父心寬이니라

壯元詩에 云하되	장원시에 이르기를,
國正天心順이요	나라가 바르면 하늘도 순할 것이요,
官淸民自安이라	벼슬아치가 바르고 깨끗하면 온 백성이 저절로 편안하느니라.
妻賢夫禍少요	아내가 어질면 남편의 화(禍)가 적을 것이요,
子孝父心寬이니라	자식이 효도하면 아버지의 마음이 너그러워지느니라.

* 장원급제 할 때 우리나라에서는 "壯元"이라고 쓰고, 중국에서는 위에서처럼 "狀元"이라고 쓴다. 오자(誤字)가 아니다. 이 시는 5언 절구(五言節句)이다. 따라서 安과 寬은 운자이고 2.3 2.3으로 끊어 읽는다. 順은 좇을 순. "순응하다. 순종하다"의 뜻이다. 官은 벼슬 관. 淸은 맑을 청. 깨끗할 청. 여기서 뜻이 파생되어, "청렴하다"는 뜻도 있다. 少+명사(구) : ~이 적다. 이 글에서는 술어가 모두 구(句)의 말미에 있으므로(順, 安, 寬) 少過라 하지 않고 주술 관계로 대치시켰다. 寬은 너그러울 관. 寬容(관용), 寬大(관대).

▷ 壯元詩 : 장원급제한 시를 말함. ▷ 順 : 순할 순, 좇을 순. ▷ 官 : 벼슬 관.
▷ 禍 : 재앙 화.

14.

자왈 목종승즉직 인수간즉성
子曰 木從繩則直하고 人受諫則聖이니라

(15번까지 이어짐)

子曰	공자가 말씀하시기를,
木從繩則直하고	“나무가 먹줄을 좇으면 곧고,
人受諫則聖이니라	사람이 간함을 받아들이면 거룩하게 되느니라.”

* 繩은 노끈 승, 먹줄 승. 則은 앞 문장을 가정으로 해석한다. 諫은 간할 간. 諫言(간언).

▷ 從 : 좇을 종, 따를 종. ▷ 則 : ~하면. ▷ 受 : 받을 수.

15.

일파청산경색유 전인전토후인수 후인수득막
一派靑山景色幽러니 前人田土後人收라 後人收得莫
환희 갱유수인재후두
歡喜하라 更有收人在後頭니라

一派靑山景色幽러니	한 줄기 푸른 산은 경치가 그윽하구나.
前人田土後人收라	저 땅은 옛사람이 가꾸던 밭인데 뒷사람들이 거두는 것이다.
後人收得莫歡喜하라	뒷사람은 차지했다 해서 기뻐하지 말라.
更有收人在後頭니라	다시 거둘 사람은 뒤에 있느니라.

* 派는 (물)줄기 파. 景은 빛 경, 경치 경. 景色은 경치(景致)와 같은 말로서 한 단어이다. 幽는 그윽할 유. 更은 다시 갱. 頭는 여기서 "머리 두"라는 뜻이 아니라 앞에 붙는 명사를 구체화하거나 그 일부를 가리킬 때 관용적으로 붙이는 접미사이다. 街頭(가두), 念頭(염두), 先頭(선두), 話頭(화두), 口頭(구두).

▷ 收 : 거둘 수. ▷ 歡 : 기뻐할 환. ▷ 喜 : 기쁠 희. ▷ 頭 : '맨 앞, 시초, 처음'의 뜻.

16.

소동파 왈 무고이득천금 불유대복 필유대
蘇東坡 曰 無故而得千金이면 不有大福이고 必有大
화
禍이니라

蘇東坡 曰	소동파가 말하기를,
無故而得千金이면	"까닭 없이 천금을 얻는 것은
不有大福이고	큰 복이 있는 것이 아니라,
必有大禍이니라	큰 재앙이 있느니라."고 하셨다.

* 蘇東坡(소동파); 문인으로서 당송팔대가(唐宋八大家)의 한 사람, 이름은 식(軾), 호(號)는 동파(東坡), 무고(無故); 아무런 까닭 없이.

▷ 故 : '까닭, 연유'의 뜻. ▷ 而 : ~하고, ~하여, ~해서(순접).

17.

康節邵先生이 曰 有人이 來問卜하되 如何是禍福하고 我虧人是禍이요 人虧我是福이니라

(강절소선생 왈 유인 래문복 여하시화복 / 아휴인시화 인휴아시복)

(22번까지 이어짐)

康節邵先生 曰	강절소 선생이 말하기를,
有人이 來問卜하되	어떤 사람이 와서 점괘를 물으니
如何是禍福고	무엇이 화이고 복인가?
我虧人是禍이요	내가 남에게 해를 입히면 재앙이고
人虧我是福이니라	남이 나를 해롭게 하면 이것이 복이니라.

* 如何는 어찌해야? 무엇과 같아야? 등등의 뜻이다. 有人에서 有는 "있을 유"의 1차적인 뜻이 아니다. 불특정한 대상을 지목할 때 붙여주는 관용어이다. 영어로는 "a"(부정 관사), "a certain of"의 뜻에 가깝다. 『論語』 첫머리에 "有朋自遠方來, 不亦樂乎"에서 有朋도 같은 용례이다. 이러한 용법은 현대 중국어에서도 여전히 쓰인다. 위에서 是는 모두 술어로서, "~이다(is)"의 뜻이다. 虧는 이지러질 휴. 사람을 목적어로 받으면 일반적으로 "손해를 끼친다."는 뜻이다.

▷ 有人 : '어떤 사람, 한 사람'으로 풀이(불특정인을 지칭). ▷ 如何 = 若何 ~이 어떠하다. ▷ 是 : ~이다. ▷ 虧 : 이지러질 휴, 줄어들 휴.

18.

大廈千間이라도 夜臥八尺이요 良田萬頃이라도 日食二升이니라

(대하천간 / 야와팔척 / 양전만경 / 일식이승)

大廈千間이라도	큰 집이 천 칸이라도
夜臥八尺이요	밤에 눕는 곳은 여덟 자 뿐이요.
良田萬頃이라도	좋은 밭이 만평이 있더라도
日食二升이니라	하루 두 되면 먹느니라.

* 廈는 큰집 하. 頃은 백이랑 경. 良은 좋을 량. 升은 되 승. "되"는 부피의 단위. 또는 술어로 "오를 승"으로도 많이 쓰이는 글자이다.

▷ 臥 : 엎드릴 와, 누울 와. ▷ 頃 : 백 이랑 경. ▷ 升 : 되 승. 1말[斗] = 10되[升]. 오를 승(昇)과 同字.

19.

久住令人賤이요 頻來親也疎라 但看三五日에 上見不如初라

(구주령인천 / 빈래친야소 / 단간삼오일 / 상견불여초)

久住令人賤이요	오래 머물러 있으면 사람으로 하여금 천하게 여기고,
頻來親也疎라	자주 오면 친하던 것도 멀어지느니라.
但看三五日에	오직 사흘이나 닷새 만에

上見不如初라　　　　서로 보는데도 처음 보는 것 같지 않느니라.

* 2.3 2.3으로 끊어 읽고 疎와 初는 운자이다. 令은 使와 같은 뜻으로 "令+A+술어"는 "A로 하여금 ~하게 하다"의 뜻. 頻은 자주 빈. 頻度(빈도). 也는 여기서 "또한"(亦)의 뜻이다. 현대 중국어에서 也는 주로 이 뜻으로 쓰인다. 看은 그 뒤 구절 전부, 즉 三五~如初까지를 받는다.

▷ 久 : 오랠 구. ▷ 令 : 하여금 령. '使, 教, 命, 遣' 등과 같이 사동형(使動形)을 나타내며 '~으로 하여금 ~하게 하다'의 뜻. ▷ 賤 : 천할 천. ▷ 頻 : 자주 빈. ▷ 也 : 또 야, 또한 야 = 亦. ▷ 但 : 다만 단. ▷ 看 : 볼 간.

20.

渴時一滴은(갈시일적) 如甘露요(여감로) 醉後添盃는(취후첨배) 不如無니라(불여무)

渴時一滴은　　　　목이 마를 때 한 방울의 물은
如甘露요　　　　단 이슬과 같고,
醉後添盃는　　　　취한 후에 잔을 더하는 것은
不如無니라　　　　안 먹는 것만 못하느니라.

* 渴은 목마를 갈. 渴症(갈증), 渴望(갈망). 滴은 물방울 적. 添은 더할 첨. 添加(첨가), 添附(첨부), 錦上添花(금상첨화). 盃는 잔 배. 杯가 본자(本字)이고 盃는 속자(俗字)이다.

21.

주불취인인자취 색불미인인자미
酒不醉人人自醉요 色不迷人人自迷니라

酒不醉人人自醉요	술이 사람을 취하게 하는 게 아니라, 사람이 절로 취하는 것이요
色不迷人人自迷니라	색이 사람을 미혹하는 게 아니라 사람이 절로 미혹하는 것이다.

* 4.3 4.3으로 끊는다. 色은 여색(女色)을 가리킨다. 迷는 미혹할 미. 迷路(미로), 迷惑(미혹), 迷兒(미아).

▷ 色 : 색정(色情) 색 = 여색(女色). ▷ 迷 : 미혹할 미, 헤매게 할 미

22.

공심 약비사심 하사불변 도념 약동정념
公心을 若比私心이면 何事不辨이며 道念을 若同情念

성불다시
이면 成佛多時니라

公心을	공을 위하는 마음이
若比私心이면	사를 위하는 마음에 비할 수 있다면
何事不辨이며	무슨 일이든지 옳고 그름을 가려내지 못할 것이며,
道念을	도를 향하는 마음이
若同情念이면	만약 남녀의 정을 생각하는 마음과 같다면
成佛多時니라	성불한 지도 이미 오래일 것이니라.

* 比는 견줄 비. 비할 비. 比較(비교). 辨은 분별할 변. 道念은 道에 대한 일념이고, 情念은 사사로운 정에 이끌리는 마음이다. 成佛은 "부처가 되다"의 뜻으로 한 단어로 쓰인다. 이 때 "成+명사"는 "~을 이룬다."는 뜻보다는, "~이 되다"의 뜻으로 의역하는 것이 좋다.

▷ 何 : 어찌, 무엇, 무슨. ▷ 辨 : 분별할 변. ▷ 成佛 : 부처가 됨.

23.

염계선생 왈 교자언 졸자묵 교자노
濂溪先生 曰 巧者言하고 拙者默하며 巧者勞하고

졸자일 교자적 졸자덕 교자흉 졸
拙者逸하며 巧者賊하고 拙者德하고 巧者凶하고 拙

자길 오호 천하졸 형정 철 상안
者吉하나니 嗚呼라 天下拙이면 刑政이 徹하여 上安

하순 풍청폐절
下順하며 風淸弊絶이니라

濂溪先生 曰	염계선생이 말하기를,
巧者言하고 拙者默하며	"교자는 말을 잘하고, 졸자는 말이 없으며,
巧者勞하고 拙者逸하며	교자는 수고로우나, 졸자는 한가하다.
巧者賊하고 拙者德하고	교자는 패악하나 졸자는 덕성스러우며,
巧者凶하고 拙者吉하나니	교자는 흉하고 졸자는 길하다.
嗚呼라	아아!
天下拙이면	천하가 졸하면
刑政이 徹하여	정치가 철저하여서
上安下順하며	임금은 편안하고 백성은 순종하며,
風淸弊絶이니라	풍속은 맑고 나쁜 습관은 없어지느니라."

* 염계(濂溪) 선생은 송(宋)나라 유학자 주돈이(周敦頤)다. 이 글은 다분히 도가적(道家的)인 색채가 강하다. 도가(道家)에서는 지혜와 작위적인 가치관을 부정하고, 무위(無爲)의 상태에서 소박하고 졸박하게 살아갈 것을 주장한다. 이 글에서도 졸박한 삶을 강조하며 또한 법이나 형벌 같은 인위적인 정치를 부정하는 말이 실려 있다. 이 글에서 巧者는 유학자들을 가리키고, 拙者는 도가의 성인(聖人)을 가리키는 것으로 본다. 유가(儒家)나 도가(道家), 두 사상이 결국 지향하는 궁극점은 무위이치(無爲而治)의 정치이며, 다만 그 방법론을 달리할 뿐 상호보완적인 사상체계라는 점에서는 동일한 면도 있다.

* 巧는 재주 교. 拙은 졸할 졸. 逸은 편안할 일. 賊은 ①도둑 적. ②해칠 적. 이 글에서는 ①의 뜻이다. 장자(莊子)는 그의 저서에서 유학자들을 도둑에 비유하여 비판한 일이 있다. 즉, 유학자들은 사람을 무위(無爲)의 상태에서 자연의 일부가 되어 살아가도록 하지 않고 온갖 인위적인 가치관들, 예를 들면 인의예지(仁義禮智)와 같은 덕목들을 만들어 내어 인간을 자연으로부터 괴리시키며 따라서 자연스럽지 못한 삶으로 몰아넣는 도둑떼들에 비유한 일이 있다. 嗚呼(오호)는 감탄사이다. 刑은 형벌 형. 政은 ①정치 정. ②정치를 위한 온갖 법과 질서를 뜻하기도 한다. 撤은 거둘 철. 撤廢(철폐). 弊는 폐단 폐. 弊端(폐단), 民弊(민폐). 絶은 끊을 절.

▷ 拙 : 졸할 졸, 서투를 졸. ▷ 默 : 잠잠할 묵. ▷ 逸 : 편안할 일. ▷ 賊 : 도둑 적, 해칠 적. ▷ 嗚呼 : 감탄사. '아, ~도다! 아, ~구나!' ▷ 風 : 풍속 풍.

24.

역　왈　덕미이위존　　지소이모대　　무화자선의

易에 曰 德微而位尊하고 智小而謀大면 無禍者鮮矣니라

易에 曰　　　　역경에 말하기를,

德微而位尊하고 “덕이 적은데 지위가 높으며,
智小而謀大면 지혜가 없으면서 꾀하는 것이 크다면
無禍者鮮矣니라 화가 없는 자가 드물 것이니라.”

* 易은 주역(周易)을 말한다. 鮮은 드물 선. “~~者, 鮮矣”는 자주 쓰이는 구문으로 “~하는 것이 드물다. ~하는 사람이 드물다”의 뜻이다. 者는 사람만 가리키는 것은 아니다.

▷ 微 : 작을 미. ▷ 尊 : 높을 존. ▷ 謀 : 꾀할 모. ▷ 鮮 : 적을 선, 드물 선. ~者鮮矣 : ~하는 것이 드물다. ~하는 사람이 드물다.

25.

설원 왈 관태어환성 병가어소유 화생어
說苑에 曰 官怠於宦成하고 病加於小癒하며 禍生於
해태 효쇠어처자 찰차사자 신종여시
懈怠하고 孝衰於妻子니 察此四者하여 愼終如始니라

(28번까지 이어짐)

說苑에 曰 설원에 말하기를,
官怠於宦成하고 “다스리는 도는 지위가 성취되는 데서 게을러지고,
病加於小癒하며 병은 조금 낫는데서 더해지며,
禍生於懈怠하고 재앙은 게으른데서 생기고,
孝衰於妻子니 효도는 처자에서 흐려진다.
察此四者하여 이 네 가지를 살펴서
愼終如始니라 나중을 삼가기를 처음과 같이 할지니라.”

* 說苑 : 전한(前漢) 말에 유향(劉向)이 편집한 설화집으로, 고대의 제후나 선현들의 행적이나 일화·우화 등을 수록하였다. 愈는 ①나을 유 (~이 더 낫다)

②(병이) 나을 유. ③더욱 유. 여기서는 ②의 뜻으로 癒와 같은 말이다. 快癒(쾌유). 懈는 게으를 해. 精神解弛(정신해이). 惰는 게으를 타. 四者에서 者는 "사람 자"가 아니라, "~것 자"이다. 愼은 삼갈 신.

▷ 於 : ~에서, ~로부터. ▷ 宦 : 벼슬 환. ▷ 愈 : 병 나을 유 = 癒. ▷ 懈 : 게으를 해. ▷ 衰 : 쇠할 쇠, 약해질 쇠. ▷ 察 : 살필 찰. ▷ 此 : 이 차.

26.

기 만 즉 일 인 만 즉 상
器滿則溢하고 人滿則喪이니라

器滿則溢하고	그릇이 차면 넘치고,
人滿則喪이니라	사람이 차면 잃어지느니라.

* 則앞의 문구는 가정으로 해석한다. 溢은 넘칠 일. 海溢(해일). 喪은 잃을 상. 喪失(상실).

▷ 則 : ~하면. ▷ 溢 : 넘칠 일. ▷ 喪 : 잃을 상, 죽을 상.

27.

척 벽 비 보 촌 음 시 경
尺璧非寶요 寸陰是競이니라

尺璧非寶요	한 자 되는 둥근 구슬을 보배로 알지 말고
寸陰是競이니라	오직 짧은 시간을 귀중히 여길지니라.

* 尺은 자 척. "자"는 길이의 단위. 璧은 둥근 옥 벽. 完璧(완벽)하다. 是는 "~이다"(is)의 뜻이고, 非는 "~이 아니다(is not)"의 뜻이다.

▷ 璧 : 둥근 옥 벽. ▷ 陰 : 세월 음. 寸陰 : 아주 짧은 시간. ▷ 競 : 다툴 경.

28.

양갱 수미 중구 난조
羊羹이 雖美나 衆口를 難調니라

羊羹이 雖美나	양고기 국이 비록 맛이 좋으나
衆口를 難調니라	뭇 사람의 입을 맞추기는 어려우니라.

* 羹은 국 갱. 雖는 비록 수. 일반적으로 주어는 雖앞에다 쓴다. 美는 "맛이 좋다"는 뜻으로도 쓰인다. 難+술어 : ~하기 어렵다. 調는 고를 조. "고르게 맞추다. 조절하다"의 뜻이다.

▷ 美 : 맛 좋을 미. ▷ 調 : 고를 조. 조절하다, 어울리다, 균형을 맞추다.

29.

익지서 왈 백옥 투어니도 불능오예기
益智書에 曰하되 白玉은 投於泥塗라도 不能汚穢其

색 군자 행어탁지 불능염란기심
色하고 君子는 行於濁地라도 不能染亂其心하나니

고송백가이내설상 명지 가이섭위난
故松柏可以耐雪霜이요 明智는 可以涉危難이니라

(31번까지)

益智書에 曰하되	익지서에 이르기를,
白玉은 投於泥塗라도	백옥은 진흙에 던져져도
不能汚涅其色이요	그 백옥의 색을 시꺼멓게 더럽힐 수는 없으며,
君子는 行於濁地 라도	군자는 탁지에 가더라도
不能染亂其心하나니	그의 마음을 더럽히거나 어지럽게 할 수는 없느니라.
故로 松栢은	따라서 송백은
可以耐雪霜이요	눈과 서리를 견디어 낼 수 있고,
明智는 可以涉危艱이니라	밝은 지혜는 어렵고 위급함을 건널 수 있는 것이니라.

* 泥는 진흙 니. 塗는 ①바를 도. 塗褙(도배). ②진흙 도. 塗炭(도탄) ③길 도. 여기서는 ②의 뜻이다. 涅은 개흙(검은 진흙) 열, 검은 물들일 열. 불교용어로도 쓰인다. 즉, 涅槃(열반). 濁은 흐릴 탁. 染은 물들일 염, 더럽힐 염. 栢은 측백나무 백. 우리나라에선 잣나무란 의미로 쓰임. 可以는 한 단어로 "~할 수 있다"의 뜻이다. 耐는 견딜 내. 堪耐(감내). 涉은 건널 섭. 艱은 어려울 간. 생활이나 처지가 궁핍하고 어렵다는 뜻이지, 難처럼 "~하기가 어렵다"는 뜻이 아니다. 그러나 難에는 艱의 뜻도 있다. 艱難(간난 · 가난).

▷ 塗 : 진흙 도. '칠할 도, 길 도'의 뜻도 있음. ▷ 汚 : 더러울 오. ▷ 穢 : 더러울 예. ▷ 亂 : 어지러울 란. ▷ 可以 : ~할 수 있다. ▷ 耐 : 견딜 내. ▷ 涉 : 건널 섭. ▷ 難 : 어려울 난.

30.

入山擒虎는 易어니와 開口告人은 難이니라
(입산금호 역 개구고인 난)

入山擒虎는 易어니와	산에 들어가 범을 잡기는 쉬우나,
開口告人은 難이니라	입을 열어 남에게 고하기는 어려우니라.

* "~~易, ~~難"의 대칭구조를 파악할 것. 入~ : ~에 들어가다. 擒은 사로잡을 금. 告는 고할 고. 여기서는 의미상 충고한다는 뜻으로 보았다. 즉, 산에 들어가 호랑이를 사로잡기는 쉬어도, 상대방의 기분을 상하지 않으면서 좋은 길로 나아가도록 충고하기란 어려운 일이라는 뜻으로 보인다. 잘못 충고하면 오히려 그 친분마저 소원해질 수 있으니 결코 쉽지 않은 일이다.

▷ 擒 : 사로잡을 금. ▷ 告 : '충고하다, 깨우치게 하다, 부탁하다'의 뜻.

31.

遠水는 不救近火요 遠親은 不如近隣이니라
(원수 불구근화 원친 불여근린)

遠水는	먼 곳의 물은
不救近火요	가까운 불을 끄지 못하고,
遠親은	먼 곳의 일가친척은
不如近隣이니라	가까운 이웃만 같지 못하느니라.

* 救는 구제할 구. 救火는 불을 끈다는 의미로 쓰이는 관용어이다. 不如+(명사구) : ~만 못하다. 不如+(서술문) : ~함만 못하다. 隣은 이웃 린. 隣近(근린).

▷ 救火 : 불을 끄다. ▷ 不如 : ~와 같지 않다. ~만 못하다. ▷ 隣 : 이웃 린.

32.

太公(태공) 曰(왈) 日月(일월)이 雖明(수명)이나 不照覆盆之下(부조복분지하)하고 刀刃(도인)이 雖快(수쾌)나 不斬無之人(불참무지인)하고 非災橫禍(비재횡화)는 不入愼家之門(불입신가지문)이니라

太公 曰	태공이 말하기를,
日月이 雖明이나	"해와 달이 비록 밝으나
不照覆盆之下하고	엎어놓은 동이의 밑은 비추지 못하고,
刀刃이 雖快나	칼날이 비록 잘 드나
不斬無之人하고	죄 없는 사람은 베지 못하고
非災橫禍는	불의의 재앙은
不入愼家之門이니라	조심하는 집 문에는 들지 못하느니라."

* 日은 ①해, ②날, ③낮 등등 3가지의 뜻으로 쓰인다. 覆은 ①엎을 복 ②덮을 부. 여기서는 "복"으로 읽는다. 즉 ①의 뜻이다. 盆은 동이 분. 花盆(화분). 覆盆之下는 뒤엎어 놓은 동이의 아래이므로 빛이 들어가는 동이의 구멍을 막아 놓은 상태이다. 즉 이 글귀를 의역하면, 해와 달이 아무리 밝아도 엎어 놓은 동이 속으로는 빛이 못 들어간다는 뜻이다.
* 斬은 벨 참. 斬首(참수). 災는 재앙 재. 橫은 가로 횡. 빗길 횡. 여기서는 "빗기다"라는 말에서 의미가 심화되어 뜻하지 않게 닥치는 것을 말한다. 橫災(뜻하지 않게 닥친 재앙), 橫死(뜻하지 않은 죽음), 入~ : ~에 들어가다.

▷ 雖 : 비록 수. ▷ 覆 : 뒤집힐 복. ▷ 盆 : 동이 분. ▷ 刃 : 칼날 인. ▷ 斬 : 벨 참. ▷ 非災 : 그릇된 재앙. ▷ 橫禍 : 뜻밖의 재난. ▷ 愼 : 삼갈 신.

33.

태공 왈 양전만경 불여박예수신
太公이 曰 良田萬頃이 不如薄藝隨身이니라

太公이 曰	태공이 말하기를,
良田萬頃이	"좋은 밭 만 이랑이
不如薄藝隨身이니라	박한 재주가 몸에 따라 있는 것만 같지 못하느니라."

* 頃은 백(百)이랑 경. 良은 ①어질 량. ②좋을 량. 不如+(명사구) : ~만 못하다. 不如+(서술문) : ~함만 못하다. 藝는 재주 예. 隨는 따를 수.

▷ 薄 : 엷을 박, 적을 박.

34.

성리서 운 접물지요 기소불욕 물시어인
性理書에 云하되 接物之要는 己所不欲을 勿施於人

행유부득 반구제기
하고 行有不得이어든 反求諸己니라

(35번까지 이어짐)

性理書에 云하되	성리서에 이르기를,
接物之要는	"사물을 접하는 요체는
己所不欲을	자기가 하고자 하지 않는 것을
勿施於人하고	남에게 베풀지 말고,
行有不得이어든	행동이 얻지 못하는 것이 있거든
反求諸己니라	돌이켜 자기에게 원인을 구하라."

* 接은 접할 접. 待接(대접), 應接(응접), 接待(접대). 物은 일 물. 만물 물. 때에 따라서는 여기서처럼, 나 이외의 다른 사람을 뜻하는 말로도 쓰인다. 즉 接物之要는 接人之要와 같은 말이다. 要는 명사로 긴요한 것, 필요한 것, 요점, 요체 등등의 뜻이다. "己所不欲, 勿施於人"은 『논어』에 나오는 공자의 말로 아주 유명하다. 이 말은 그의 제자인 중궁(仲弓)이 인(仁)에 대하여 묻자 공자가 답한 글귀 중에 들어 있다. "反求諸己"는 유가(儒家)에 관한 책에서 상당히 많이 나오는 문구로 거의 관용구가 된 말이다. 諸는 어조사 저. "술어+諸~"는 "술어+之+於~"와 비슷하다. 즉, 反求之於己로도 쓸 수 있다.

▷ 性理書 : 성리학(性理學)에 관한 책. ▷ 接 : 맞을 접, 대접할 접, 사귈 접. ▷ 物 : 만물 물. ▷ 要 : 중요할 요, 하여야 할 요, 구할 요. ▷ 施 : 베풀 시. ▷ 諸 : 어조사 저. '之於(지어)〉져〉저'로 음이 합쳐져 이루어진 어조사로 '~을 ~에(으로)'의 뜻.

35.

주색재기사도장 다소현우재내상 약유세인
酒色財氣四堵墻에 多少賢愚在內廂이라 若有世人이

도득출 변시신선불사방
跳得出이면 便是神仙不死方이니라

酒色財氣四堵墻에	술과 색과 재물과 기운의 네 가지로 쌓은 담 안에
多少賢愚在內廂이라	수많은 어진 이와 어리석은 사람이 행랑에 들어 있다.
若有世人이 跳得出이면	만약 그 누가 이곳을 뛰쳐나올 수 있다면
便是神仙不死方이니라	그것은 곧 신선과 같이 죽지 아니하는 방법이니라.

* 堵는 담 도. 墻은 담 장. 多少는 우리말로는 부사어 또는 관형어로 “얼마 안 되는 조금”의 뜻이지만, 한문에서는 관형어로서 “많은~”의 뜻이다. 즉, 多는 술어로 “多+명사 : ~이 많다”의 뜻이고, 多少는 관형어로서 “多少+명사(A)”하면 “많은 A”의 뜻이 된다. 廂은 행랑 상. 행랑은 대문간에 붙어 있는 방을 말한다. 跳는 뛸 도. 得다음에 술어가 오면 “~할 수 있다”로 해석한다. 便은 문득 변, 곧 변. 是는 “~이다”의 뜻. 便是~ : 곧 ~이다. 위의 번역문에서 “이것은”이라고 번역을 하였으나 이는 是자를 해석한 것이 아니고 다만, 우리말의 어감에 맞게 해주기 위해 주어를 덧붙인 것뿐이다. 是는 술어이고, 주어는 문맥상 분명하면 써주지 않는다. 方은 ①바야흐로 방 ②모 방(네모지다. 네모반듯하다. 바르다. 품행이 방정하다 등등의 뜻이 있다) ③방법 방(처방이란 뜻도 있다). ④방향 방. 위에서는 ③의 뜻, 즉 방법, 처방이란 뜻이다.

▷ 得 : ~할 수 있다. ▷ 便 : 문득 변, 곧 변. 便是~ : 곧 ~이다. ▷ 方 : 방법 방, 술법 방, 처방 방.

13. 立教篇(입교편)

배움의 뜻을 바로 세워(立敎) 세상에 몸을 세운다(立身).

1.

자왈 입신유의이효기본 상사유례이애위본
子曰 立身有義而孝其本이요 喪祀有禮而哀爲本이오
전진유열이용위본 치정유리이농위본 거국
戰陣有列而勇爲本이요 治政有理而農爲本이요 居國
유도이사위본 생재유시이력위본
有道而嗣爲本이요 生財有時而力爲本이니라

子曰	공자가 말하기를,
立身有義而孝其本이요	"입신함에 의가 있으니 효도가 그 근본이요.
喪祀有禮而哀爲本이오	상사에 예가 있으니 슬퍼함이 그 근본이요.
戰陣有列而勇爲本이요	싸움터에 질서가 있으니 용맹이 그 근본이다.
治政有理而農爲本이요	나라를 다스리는데 이치가 있으니 농사가 그 근본이요,
居國有道而嗣爲本이요	나라를 지키는데 도가 있으니 계승이 그 근본이요,
生財有時而力爲本이니라	재물을 생산함에 시기가 있으니 노력이 그 근본이다."

▷ 立身 : 세상에 출세하여 부모의 이름을 높임. ▷ 喪 : 죽을 상. ▷ 祀 : 제사 사. ▷ 哀 : 슬플 애. ▷ 陣 : 진칠 진. 戰陣 : 전쟁터 또는 전투를 하기 위하여 친 진(陣). ▷ 列 : 벌일 열. ▷ 理 : 다스릴 리, 이치 리. ▷ 嗣 : 이을 사.

2.

경행록 운 위정지요 왈공여청 성가지
景行錄에 云하되 爲政之要는 曰公與淸이요 成家之

도 왈검여근
道는 曰儉與勤이라

(3번으로 계속 이어짐)

景行錄에 云하되	경행록에 이르기를,
爲政之要는	“정사를 다스리는데 긴요한 것은
曰公與淸이요	공평하고 사사로운 욕심이 없이 깨끗이 하는 것이요,
成家之道는	집을 이루는 길은
曰儉與勤이라	낭비하지 아니하고 부지런한 것이니라.”

▷ 爲 : 할 위. 爲政 : 정치를 함. 爲政者 : 정치를 하는 사람. ▷ 要 : 중요할 요. 요점, 요체. ▷ 曰 : 가로 왈. ‘~라고 말한다.’ ▷ 與 : 더불어 여. ‘~와’. ▷ 儉 : 검소할 검. ▷ 勤 : 부지런할 근.

3.

독서 기가지본 순리 보가지본 근검
讀書는 起家之本이요 循理는 保家之本이요 勤儉은
치가지본 화순 제가지본
治家之本이요 和順은 齊家之本이니라

讀書는 起家之本이요	글을 읽는 것은 집을 일으키는 근본이요.
循理는 保家之本이요	이치에 따름은 집을 잘 보존하는 근본이요
勤儉은 治家之本이요	부지런하고 절약하는 것은 집을 잘 관리하는 근본이요
和順은 齊家之本이니라	화목하고 순종하는 것은 집안을 잘 다스리는 근본이니라.

▷ 循 : 좇을 순, 돌 순. ▷ 順 : 따를 순, 순응할 순. ▷ 齊 : 가지런할 제.

4.

공자삼계도 운 일생지계 재어유 일년
孔子三計圖에 云하되 一生之計는 在於幼하고 一年
지계 재어춘 일일지계 재어인 유이불
之計는 在於春하고 一日之計는 在於寅하고 幼而不
학 노무소지 춘약불경 추무소망 인
學이면 老無所知요 春若不耕이면 秋無所望이요 寅
약불기 일무소판
若不起면 日無所辨이니라

孔子三計圖에 云하되	공자가 삼계도에 이르기를,
一生之計는 在於幼하고	"일생의 계획은 어릴 때에 있고,
一年之計는 在於春하고	일 년의 계획은 봄에 있고,

一日之計는 在於寅하고	하루의 계획은 새벽에 있다.
幼而不學이면 老無所知요	어려서 배우지 않으면 늙어서 아는 것이 없고,
春若不耕이요 秋無所望이요	봄에 밭 갈지 않으면 가을에 바랄 것이 없으며,
寅若不起면 日無所辨이니라	새벽에 일어나지 않으면 그 날의 할 일이 없느니라.”

* 인(寅) : 인시(寅時), 즉 새벽, 새벽 3시에서 5시를 인시라 함. 판(辨) : 힘쓸 판(辨), 일에 힘쓰다. 힘쓸 바가 없다는 것은, 즉 그날 할일이 없다는 말임.

▷ 計 : 꾀, 계획, 계책. ▷ 圖 : 그림 도, 꾀할 도. ▷ 在於 : ~에 있다. ▷ 幼 : 어릴 유. ▷ 寅 = 寅時 : 오전 3시~5시. ▷ 若 : 만일 약. ▷ 耕 : 밭갈 경. ▷ 望 : 바랄 망. ▷ 辨 : 판단할 판, 힘쓸 판.

5.

性理書에 云하되 五敎之目은 父子有親하며 君臣有義하며 夫婦有別하며 長幼有序하며 朋友有信이니라

(6번까지 이어짐)

性理書에 云하되	성리서에 이르기를,
五敎之目은	“다섯 가지의 가르침 조목은
父子有親하며	아버지와 자식 사이에는 서로 친함이 있어야 하며,
君臣有義하며	임금과 신하 사이에는 의가 있어야 하며,

夫婦有別하며	남편과 아내 사이에는 분별이 있어야 하며,
長幼有序하며	어른과 어린이 사이에는 차례가 있어야 하며,
朋友有信이니라	친구 사이에는 믿음이 있어야 하느니라.”

▷ 目 : 조목(條目) 목. ▷ 五教之目 = 五倫. ▷ 親 : 친할 친. ▷ 夫 : 사내 부, 지아비 부. ▷ 婦 : 아내 부. ▷ 序 : 차례 서.

6.

三綱(삼강)은 君爲臣綱(군위신강)이요 父爲子綱(부위자강)이요 夫爲婦綱(부위부강)이니라

三綱은	삼강이라는 것은
君爲臣綱이요	임금은 신하의 본이 되고,
父爲子綱이요	아버지는 자식의 본이 되며,
夫爲婦綱이니라	남편은 아내의 본이 되는 것이니라.

* 벼리 강(綱) : 그물 위쪽 코를 꿰어 잡아당기는 줄. 즉 임금, 아버지, 남편은 큰 줄(벼리)이고 신하, 자식. 아내는 그 줄에 달려있는 작은 그물 코 들임. 벼리를 들어 올리면 아래 모든 것들이 다 따라서 펴지고 움직이기 때문에 君, 父, 夫,를 벼리라 함.

▷ 綱 : 벼리 강. 벼리는 중심, 모범, 본보기 등의 뜻. ▷ 爲 : 될 위.

7.

王蠋(왕촉)이 曰(왈) 忠臣(충신)은 不事二君(불사이군)이요 烈女(열녀)는 不更二夫(불경이부)니라

王蠋이 曰	왕촉이 말하기를,
忠臣은 不事二君이요	"충신은 두 임금을 섬기지 않고,
烈女는 不更二夫니라	열녀는 두 지아비를 섬기지 않느니라."

* 왕촉(王蠋) : 전국(戰國) 시대 제(齊)나라의 충신, 촉(蠋)은 뽕나무 벌레 촉. 연(燕)나라에 패한 후 항복하라는 권고를 물리치고 자결했다고 함.

▷ 蠋 : 나비 애벌레 촉. ▷ 烈 : 세찰 열, 매울 열. 강하고 곧음을 뜻함.
▷ 更 : 고칠 경.

8.

忠子(충자) 曰(왈) 治官(치관)엔 莫若平(막약평)이요 臨財(임재)엔 莫若廉(막약염)이니라

忠子 曰	충자가 말하기를,
治官엔	"벼슬을 다스림에는
莫若平이요	공평한 것만 같지 못하고,
臨財엔	재물에 임함에는
莫若廉이니라	청렴함만 못하느니라."

* 충자는 어떤 사람인지 알려져 있지 않음. 치관 : 벼슬아치를 다스림, 莫 : 없을 막, 莫若 : ~만한 것이 없다 = 莫如, 막약평 : 공평함이 제일임. 廉 : 청렴할 렴.臨 : 임할 림.

9.

張思叔座右銘에 曰 凡語를 必忠信하며 凡行을 必篤敬하며 飮食을 必愼節하며 字劃을 必楷正하며 容貌를 必端莊하며 衣冠을 必整肅하며 步履를 必安詳하며 居處를 必正靜하며 作事를 必謀始하며 出言을 必顧行하며 常德을 必固持하며 然諾을 必重應하며 見善如己出하며 見惡如己病하라 凡此十四者는 皆我未深省이라 書此當座右하여 朝夕視爲警하노라

張思叔座右銘에 曰	장사숙의 좌우명에 말하기를,
凡語를 必忠信하며	"무릇 말은 반드시 충성되고 믿음이 있어야 되며,
凡行을 必篤敬하며	무릇 행실은 반드시 돈독하고 공경히 하며,
飮食을 必愼節하며	음식은 반드시 삼가고 알맞게 하며,
字劃을 必楷正하며	글씨는 반드시 똑똑하고 바르게 쓰며,
容貌를 必端莊하며	용모는 반드시 단정하고 엄숙히 하며,
衣冠을 必整肅하며	의관은 반드시 정제하며,
步履를 必安詳하며	걸음걸이는 반드시 안전하고 자상히 하며,
居處를 必正靜하며	거처하는 곳은 반드시 바르고 정숙하게 하며,
作事를 必謀始하며	일하는 것은 반드시 계획을 세워 시작하며,

出言을 必顧行하며	말을 할 때는 반드시 그 실행 여부를 생각해서 하며,
常德을 必固持하며	평상의 덕을 반드시 굳게 가지며,
然諾을 必重應하며	일을 허락하는 것은 반드시 신중히 생각해서 응하며,
見善如己出하며	선을 보거든 자기에게서 나온 것 같이 하며
見惡如己病하라.	악을 보거든 자신의 병인 것 같이 하라.
凡此十四者는	무릇 이 열네 가지는
皆我未深省이라	모두 내가 아직 깊이 깨닫지 못한 것이다.
書此當座右하여	이를 자기의 오른편에 써 붙여 놓고
朝夕視爲警하노라	아침저녁으로 보고 경계할 것이니라."

* 장사숙(張思叔) : 북송 때의 학자. 이름은 역(繹), 사숙(思叔)은 자(字). 정자(程子)의 제자.

* 해정(楷正) : 글자의 획이 똑바른 것, 단장(端莊) : 단정하고 장엄함, 안상(安詳) : 성질이 꼼꼼하고 자세함. 침착하고 조용함.

▷ 座右銘 : 자리의 옆에 써놓고 경계로 삼는 글. ▷ 座 : 자리 좌. ▷ 銘 : 새길 명. ▷ 凡 : 무릇 범. ▷ 篤 : 도타울 독. ▷ 敬 공경할 경. ▷ 愼 : 삼갈 신. ▷ 節 : 절약할 절. ▷ 劃 : 새길 획. ▷ 楷 : 해서 해, 본보기 해. ▷ 貌 : 모양 모. ▷ 端 : 단정할 단. ▷ 莊 : 엄숙할 장. ▷ 冠 : 갓 관. ▷ 肅 : 엄숙할 숙. ▷ 整 : 가지런할 정. ▷ 履 : 신 리, 밟을 리. ▷ 靜 : 고요할 정. ▷ 謀 : 꾀할 모. ▷ 顧 : 돌아볼 고. ▷ 固 : 굳을 고. ▷

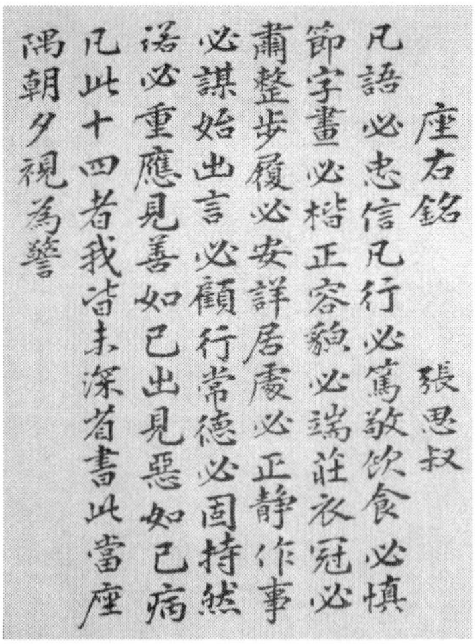

持 : 가질지. ▷ 諾 : 승낙할 락. ▷ 此 : 이 차. ▷ 爲 : ~으로 삼다, 여기다.
▷ 警 : 경계할 경.

10.

范益謙座右銘에 曰 一不言朝廷利害邊報差除요 二不言州縣官員長短得失이요 三不言衆人所作過惡之事요 四不言仕進官職趨時附勢요 五不言財利多少厭貧求富요 六不言淫媟戲慢評論女色이요 七不言求覓人物干索酒食이요 又人付書信을 不可開坼沈滯요 與人拜坐에 不可窺人私書요 凡入人家에 不可看人文字요 凡借人物에 不可損壞不還이요 凡喫飮食에 不可揀擇去取니 與人同處에 不可自擇便利요 凡人富貴를 不可歎羨詆毁니 凡此數事에 有犯之者면 足以見用心之不正이라. 於正心修身에 大有所害라 因書以自警하노라

范益謙座右銘에 曰	범익겸의 좌우명에 말하기를,
一不言朝廷利害邊報差除요	"첫째, 조정에서의 이해와 변방으로부터의 보고와 관직의 임명에 대하여 말하지 말며,

二不言州縣官員長短得失이요	둘째, 주현의 관원의 장단과 득실에 대하여 말하지 말며,
三不言衆人所作過惡之事요	셋째, 여러 사람이 저지른 악한 일을 말하지 말며.
四不言仕進官職趨時附勢요	넷째, 벼슬에 나가는 것과 기회를 따라 권세에 아부하는 일에 대하여 말하지 말며,
五不言財利多少厭貧求富요	다섯째, 재리의 많고 적음이나 가난을 싫어하고 부를 구하는 것을 말하지 말며,
六不言淫媟戱慢評論女色이요	여섯째, 음탕하고 난잡한 농지거리나 여색에 대한 평론을 말하지 말며,
七不言求覓人物干索酒食이요	일곱째, 남의 물건을 탐내거나 주식을 토색하는 것을 말하지 말며,
又人付書信을	그리고 남이 부치는 편지를
不可開坼沈滯요	뜯어보거나 지체시켜서는 안 되며,
與人拜坐에	남과 같이 앉아 있으면서
不可窺人私書요	남의 사사로운 글을 엿보아서는 안 되며,
凡入人家에	무릇 남의 집에 들어감에
不可看人文字요	남의 만든 글을 보지 말며,
凡借人物에	남의 물건을 빌렸을 때
不可損壞不還이요	이것을 손상시키고 돌려보내선 안 된다.
凡喫飮食에	무릇 음식을 먹음에
不可揀擇去取니	가려서 취하지 말며,
與人同處에	남과 같이 있으면서
不可自擇便利요	스스로의 편리만을 가리어 취하지 말라.
凡人富貴를	무릇 남의 부하고 귀한 것을
不可歎羨詆毁니	부러워하거나 헐뜯지 말라.
凡此數事에	무릇 이 몇 가지 일을

有犯之者면	범하는 자가 있으면
足以見用心之不正이라	넉넉히 그 마음 쓰는 것의 바르지 않음을 알 수 있으며,
於正心修身에	마음을 바르게 하고 몸을 닦는데
大有所害라	크게 해 되는 바가 있는지라.
因書以自警하노라	이로 인하여 이 글을 써서 스스로 경계하노라."

* 범익겸(范益謙) : 남송의 학자. 이름은 충(沖).

▷ 邊 : 가 변, 끝 변. ▷ 報 : 알릴 보. ▷ 差 : 보낼 차. 差使(차사) : 중요한 임무를 맡겨 파견하던 임시 벼슬. ▷ 除 : 벼슬 줄 제. 除授(제수). ▷ 州 : 고을 주. ▷ 縣 고을 현. ▷ 所作 : 한 일, 저지른 짓. ▷ 過 : 허물 과. ▷ 仕 : 벼슬할 사. ▷ 趨 : 쫓을 추. ▷ 附 : 붙을 부. ▷ 厭 : 싫을 염. ▷ 媟 : 깔볼 설, 문란할 설. ▷ 戲 : 놀 희, 희롱할 희. ▷ 慢 : 업신여길 만, 거만할 만. ▷ 評論 : 가치나 질(質)에 대하여 비평하고 논함. ▷ 覓 : 찾을 멱. ▷ 人物 : 다른 사람의 물건. ▷ 干 : 구할 간. 干求(간구). ▷ 索 : 찾을 색. ▷ 付 : 줄 부, 청할 부, 부칠 부. ▷ 坼 : 터질 탁, 열 탁. 開坼 = 開封(개봉). ▷ 沈 : 잠길 침. ▷ 滯 : 막힐 체. ▷ 與 : 더불어 여. ▷ 幷 : 함께 병. ▷ 窺 : 엿볼 규. ▷ 看 : 볼 간. ▷ 揀 : 가릴 간. 擇 : 가릴 택. 揀擇 : 가려서 고름. ▷ 去 : 갈 거, 버릴 거. ▷ 歎 : 감탄할 탄. ▷ 羨 : 부러워할 선. ▷ 詆 : 꾸짖을 저. ▷ 毁 : 비방할 훼. ▷ 犯 : 범할 범. ▷ 足以~ : ~하기에 족하다. ~할 수 있다. 足以見 : 알 수 있음.
▷ 於 : ~에. ▷ 因 : 인할 인. '그래서, 그리하여' ▷ 居 : 있을 거, 살 거.
▷ 願 : 원할 원. ▷ 欲 : 하고자 할 욕, 바랄 욕. ▷ 是 : 이, 이것, 여기.
▷ 矣 : 단정·감동·강조·결의 등을 나타내는 어조사. ▷ 皆 : 다 개. ▷ 由 : 말미암을 유. '~에서, ~에서부터'.

11.

무왕 문태공 왈 인거세상 하득귀천빈부부등
武王이 問太公 曰 人居世上에 何得貴賤貧富不等고

원문설지 욕지시의 태공 왈 부귀 여성
願聞說之하여 欲之是矣로다 太公이 曰 富貴는 如聖

인지덕 개유천명 부자 용지유절
人之德하여 皆由天命이어니와 富者는 用之有節하고

불부자 가유십도
不富者는 家有十盜니라

武王이 問太公 曰	무왕이 태공에게,
人居世上에	"사람이 세상에 사는데
何得貴賤貧富不等고	어찌하여 귀천과 빈부가 고르지 않습니까?
願聞說之하여	원컨대 말씀을 들어서
欲之是矣로다	이를 알고자 합니다."
太公이 曰	태공이 답하기를,
富貴는 如聖人之德하여	"부귀는 성인의 덕과 같아서
皆由天命이어니와	다 천명에 말미암거니와
富者는 用之有節하고	부자는 쓰는 것이 절도 있고
不富者는	부하지 못한 자는
家有十盜니라	집에 열 가지 도둑이 있나이다."

* 願 : 원할 원. 欲 : 하고자 할 욕, 바랄 욕. 是 : 이, 이것, 여기. 矣 : 단정·감동·강조·결의 등을 나타내는 어조사. 由 : 말미암을 유. '~에서, ~에서부터'.

12.

武王이 曰 何謂十盜닛고 太公이 曰 時熟不收 爲一盜요 收積不了 爲二盜요 無事燃燈寢睡 爲三盜요 慵懶不耕 爲四盜요 不施功力 爲五盜요 專行巧害 爲六盜요 養女太多 爲七盜요 晝眠懶起 爲八盜요 貪酒嗜慾 爲九盜요 强行嫉妬 爲十盜니라

武王이 曰	무왕이 말하기를,
何謂十盜닛고	"무엇을 십도라고 합니까?"
太公이 曰	태공이 대답하기를
時熟不收 爲一盜요	"곡식이 익은 것을 제때에 거두지 않는 것이 첫째 도둑이요,
收積不了爲二盜요	거두고 쌓는 것을 마치지 않는 것이 둘째 도둑이요,
無事燃燈寢睡 爲三盜요	일없이 등불을 켜놓고 잠자는 것이 셋째 도둑이요,
慵懶不耕 爲四盜요	게을러서 밭 갈지 않는 것이 넷째 도둑이요,
不施功力 爲五盜요	공력을 들이지 않는 것이 다섯째 도둑이요,
專行巧害 爲六盜요	오로지 교활하고 해로운 일만 행하는 것이 여섯째 도둑이요,
養女太多 爲七盜요	딸을 너무 많이 기르는 것이 일곱째 도둑이요,

晝眠懶起 爲八盜요	낮잠 자고 일찍 일어나기를 게을리 함이 여덟째 도둑이요,
貪酒嗜慾 爲九盜요	술을 탐하고 환락을 즐기는 것이 아홉째 도둑이요,
强行嫉妬 爲十盜니라	심히 남을 시기하는 것이 열째 도둑입니다.

▷ 何 : 무엇, 어느, 무슨. ▷ 謂 : 이를 위, 일컬을 위. ▷ 熟 : 익을 숙. ▷ 收 : 거둘 수. ▷ 爲 : 될 위. ▷ 了 : 마칠 료. ▷ 燃 : 탈 연. ▷ 寢 : 잠잘 침. ▷ 睡 : 잠잘 수. ▷ 慵 : 게으를 용. ▷ 懶 : 게으를 라. ▷ 功 : 공 공. 功力 : 애써 들인 힘. 工力 : 공부(工夫 : 학문이나 기술을 배우거나 닦음)의 힘. ▷ 專 : 오로지 전. ▷ 眠 : 잠잘 면. ▷ 貪 : 탐낼 탐. ▷ 嗜 : 즐길 기. ▷ 慾 : 욕심 욕. ▷ 强 : 억지 쓸 강, 강제할 강. ▷ 嫉 : 시기할 질. ▷ 妬 : 질투할 투.

13.

武王이 曰 家無十盜而不富者는 何如닛고 太公이 曰 人家에 必有三耗니이다. 武王이 曰, 何名三耗니이다. 太公이 曰 倉庫漏濫不蓋하여 鼠雀亂食이 爲一耗요 收種失時이 爲二耗요 抛撒米穀穢賤이 爲三耗니이다.

武王이 曰	무왕이 말하였다.
家無十盜而不富者는	"집에 열 가지 도둑이 없는데도 부유하지 못한 것은
何如닛고	어째서입니까?"

太公이 曰	태공이 대답하였다.
人家에 必有三耗니이다.	"그런 사람의 집에는 반드시 삼모가 있습니다."
武王이 曰	무왕이 말하였다.
何名三耗니이다.	"무엇을 삼모라고 이름합니까?"
太公이 曰	태공이 대답하였다.
倉庫漏濫不蓋하여	"창고가 새고 넘치는데도 덮지 않아
鼠雀亂食이 爲一耗요	쥐와 새들이 어지럽게 먹어대는 것이 첫째 낭비요,
收種失時이 爲二耗요	거두고 씨 뿌림에 때를 놓치는 것이 둘째 낭비요,
抛撒米穀穢賤이 爲三耗니이다.	곡식을 버리고 흩어지게 하여 더럽히고 천하게 하는 것이 셋째 낭비입니다."

▷ 何如 : ~과 같은가? 어찌한가? ▷ 耗 : 소비할 모, 쓸 모. ▷ 名 : 이름 지을 명. ▷ 倉 : 곳집 창. ▷ 庫 : 곳집 고. ▷ 漏 : 샐 루. ▷ 濫 : 넘칠 람. ▷ 蓋 : 덮을 개, 뚜껑 개. ▷ 鼠 : 쥐 서. ▷ 雀 : 참새 작. ▷ 亂 : 어지러울 란. ▷ 種 : 씨 종, 심을 종. ▷ 抛 : 던질 포, 버릴 포. ▷ 撒 : 뿌릴 살. ▷ 穀 : 곡식 곡. ▷ 穢 : 더러울 예.

14.

武王(무왕)이 曰(왈) 家無三耗而不富者(가무삼모이불부자)는 何如(하여)닛고 太公(태공)이 曰(왈)
人家(인가)에 必有一錯二誤三痴四失五逆六不祥七奴八賤九(필유일착이오삼치사실오역육불상칠노팔천구)
愚十强(우십강)하여 自招其禍(자초기화)요 非天降殃(비천강앙)이니다.

武王이 曰	무왕이 묻기를,
家無三耗而不富者는	"집에 삼모도 없는데 부유하지 못한 것은
何如닛고	어찌하여 그럽니까?"
太公이 曰	태공이 대답하기를,
人家에	"그런 사람의 집에는
必有一錯二誤三痴四失五逆六不祥七奴八賤九愚十强하여	
	반드시 일착, 이오, 삼치, 사실, 오역,
	육불상, 칠노, 팔천, 구우, 십강이 있어서
自招其禍요	스스로 그 화를 부르는 것이요,
非天降殃이니다.	하늘이 재앙을 내리는 것이 아닙니다."

*"아들을 기르며 가르치지 않는 것이 첫째 착이요, 어린 아이를 가르치지 않는 것이 둘째 오요, 처음 신부를 맞아들일 때 엄한 교훈을 행하지 않는 것이 셋째 치요, 말하기 전에 먼저 웃기부터 하는 것이 넷째 실이요, 부모를 봉양하지 않는 것이 다섯째 역이요, 밤중에 알몸으로 일어나는 것이 여섯째 불상이요, 남의 활을 가지고 쏘기를 좋아하는 것이 일곱째 노요, 남의 말 타기를 좋아하는 것이 여덟째 천이요, 남의 술을 마시면서 남에게 권하는 것이 아홉째 우요, 남의 밥을 먹으면서 친구들에게도 먹으라고 억지 쓰는 것이 열째 강입니다."

▷ 錯 : 섞일 착, 어긋날 착. ▷ 誤 : 그릇할 오, 잘못할 오. ▷ 痴 : 어리석을 치 = 癡. ▷ 失 : 잃을 실. ▷ 逆 : 거스를 역. ▷ 祥 : 상서로울 상. ▷ 奴 : 종 노. ▷ 賤 : 천할 천. ▷ 愚 : 어리석을 우. ▷ 强 : 억지 쓸 강, 강제할 강. ▷ 招 : 부를 초. ▷ 降 : 내릴 강. ▷ 殃 : 재앙 앙.

15.

武王이 曰 願悉聞之하나이다 太公이 曰 養男不敎訓이 爲一錯이요 嬰孩不訓이 爲二誤요 初迎新婦不行嚴訓이 爲三痴요 未語先笑이 爲四失이요 不養父母이 爲五逆이요 夜起赤身이 爲六不祥이요 好挽他弓이 爲七奴요 愛騎他馬이 爲八賤이요 喫他酒勸他人이 爲九愚요 喫他飯命朋友이 爲十强이니라 武王이 曰 甚美誠哉라 是言也이여

武王이 曰	무왕이 말하기를,
願悉聞之하나이다.	"그 내용을 듣기를 원합니다."
太公이 曰	태공이 대답하기를,
養男不敎訓이	"아들을 기르며 가르치지 않는 것이
爲一錯이요	첫째의 잘못이요,
嬰孩不訓이	어린아이를 훈도하지 않는 것이
爲二誤요	둘째의 그릇이요,
初迎新婦不行嚴訓이	새 아내를 맞아들여서 엄하게 가르치지 않는 것이
爲三痴요	셋째의 어리석음이요,
未語先笑이	말하기 전에 웃기부터 먼저 하는 것이
爲四失이요	넷째의 과실이요,
不養父母이	부모를 봉양하지 않는 것이

爲五逆이요	다섯째의 거스름이요,
夜起赤身이	밤에 알몸으로 일어나는 것이
爲六不祥이요	여섯째의 상서롭지 못함이요,
好挽他弓이	남의 활을 당기기를 좋아하는 것이
爲七奴요	일곱째의 상스러움이요,
愛騎他馬이	남의 말을 타기를 좋아하는 것이
爲八賤이요	여덟째의 천함이요,
喫他酒勸他人이	남의 술을 마시면서 다른 사람에게 권하는 것이
爲九愚요	아홉째의 어리석음이요,
喫他飯命朋友이	남의 밥을 먹으면서 벗에게 주는 것이
爲十强이니라.	열째의 뻔뻔함이 되는 것입니다.”
武王이 曰	무왕이 말하기를,
甚美誠哉라 是言也이여	“아아! 심히 아름답고 진실하도다. 그 말씀이여.”

* 영해(嬰孩)의 어릴 영임. 적신(赤身) : 알몸. 벌거벗은 몸. 역륜(逆倫) : 인륜(人倫)을 거역함, 인륜에서 벗어남. 강악(强惡) : 극히 나쁜 것. 억세고 모짐, 여기서는 적당한 말이 없어 강악이라고 했음.

▷ 悉 : 다 실, 모두 실. ▷ 嬰 : 갓난아이 영. ▷ 孩 : 어린아이 해. ▷ 迎 : 맞이할 영. ▷ 嚴 : 엄할 엄. ▷ 赤 : 붉을 적, 벌거벗을 적, 빌 적. ▷ 挽 : 당길 만. ▷ 騎 : 말 탈 기. ▷ 喫 : 마실 끽, 먹을 끽, 피울 끽. ▷ 勸 : 권할 권. ▷ 飯 : 밥 반. ▷ 甚 : 심할 심, 두터울 심. ▷ 誠 : 진실로, 참으로. ▷ 哉 : 감탄을 나타내는 어조사. ‘아!’ ▷ 是 : 이 시. ▷ 也 : 긍정이나 판단을 나타내는 어조사. ‘~이다’.

14. 治政篇(치정편)

공무원은 나라의 공복(公僕)이니
청렴, 근신, 근면이 올바른 처신 자세다.

1.

明道先生이 曰 一命之士 苟有存心於愛物이면 於人에 必有所濟니라

明道先生이 曰	명도 선생이 말하기를,
一命之士	"처음으로 벼슬을 얻은 사람이라도
苟有存心於愛物이면	진실로 물건을 사랑하는데 마음을 쓴다면
於人에 必有所濟니라	남에게 반드시 도움을 받는 바가 있느니라."

* 明道先生(명도선생, 1032~1085) : 송나라 때의 정호(程顥). 자는 백순(伯淳), 명도는 호. 염계 주돈이(濂溪 周敦頤)선생에게서 배워 성리학을 크게 발전시켰다. 우주와 사람의 본성은 본래는 동일한 것이라고 주장하였다. 부친 향(珦)은 지방관이었을 당시 주돈이를 알아 명도, 이천 형제를 그에게 배우게 하였다고 한다. 진사에 급제한 후 지방관으로 활약하였다. 1070년에 여공저(呂公著)의 추천으로 중앙정부에 들어갔다. 왕안석의 신법(新法)이 거론되자 의견을 달리하여 직을 떠나 지방관으로 지냈다. 그 성격은 온후관대하여 동생 이천이 이론적이며 준엄한 것과 대조적이었다. 명도사상(明道思想)

의 특색은 인설(仁說)·성론(性論)인데 그 기초가 되는 것은 역적논리(易的論理) 전개로서의 형이상적 사유이다. 그에 의하면 현상세계는 결국 음양2기(陰陽二氣)의 대대(對待)에 의해 생성·소멸하는 것으로 그것은 '자연적으로 그런 것'이다. 그것은 바로 역(易)에 "1음1양(一陰一陽), 이를 도(道)라고 한다."고 하는 도(道)이며, 천지만물의 이(理)나 도(道)는 사람에 있어 묵식심통(默識心通 - 사람의 마음에 깨우쳐지는 것)하게 하는 것이라고 한다. 그의 인설(仁說)은 이 논리를 기저로 하여 천지자연의 이(理)와 사람의 이(理 - 일반적인 性)와의 일체관에서 논술된다.〈식인편(識仁篇)〉에서 "인(仁)은 혼연히 물(物)과 동체요 의례지신(義禮智信) 모두 인(仁)이다. 이 이(理)를 알아서 성경(誠敬)으로써 이것을 보존할 뿐이다"라고 말하였다. 인(仁)은 '저절로 그러한' 천지만물의 이(理)·도(道)인 동시에 사람의 마음의 이(理)라는 것이다. 그런 까닭으로 인(仁)을 체득하면 이미 나는 천지만물과 일체요 일신인 것이다. 이와 같은 사고방식이 발전하여 성(性)은 곧 기(氣)요, 기(氣)는 곧 성(性)으로서 생겨나면서 지닌 그대로 성(性)이라고 하는 논리가 전개된다. 그의 〈진치법 10사(陳治法 十事)〉는 반신법당(反新法黨)의 처지에서 당시의 정치사회 상태를 잘 통찰하여 그 폐단을 찌른 예리한 정치논문이다. 정호의 사상은 남송의 육상산을 거쳐서 명의 왕양명의 사상으로 계승·전개된다. 어록·저술은 『2정전서(二程全書)』에 수록되어 있다.

* 윗글의 뜻은 '처음으로 관리가 된 사람으로서 적은 물건을 사랑한다.'함은 곧 자신의 덕망을 보이는 것이므로 사람을 사랑하여야 출세할 수 있다는 뜻이다.
* 정호의 顥(클 호. 빛나는 모양), 주돈이의 頤(눈 크게 뜨고 볼 신. 턱 이).
* 一命之士(일명지사) : 처음으로 관직에 임명받은 선비. 예컨대 9급 공무원을 말함.
* 存心(존심) : 마음을 둠. * 於人(어인) : 남에게. * 必有所(필유소) : 반드시 ~하는 바 있음. * 濟(건널 제. 나루. 건지다) : 여기서는 "쓰임", "사용됨"의 뜻.

▷ 苟 : 진실로 구. ▷ 物 : 뒤의 '於人~'의 '人'과 같은 뜻. ▷ 濟 : 건널 제, 구제할 제.

2.

唐太宗御製(당태종어제)에 云(운)하되 上有麾之(상유휘지)하고 中有乘之(중유승지)하여 下有附之(하유부지)하여 幣帛衣之(폐백의지)요 倉廩食之(창름식지)하니 爾俸爾祿(이봉이록)이 民膏民脂(민고민지)니라 下民(하민)은 易虐(역학)이어니와 上蒼(상창)은 難欺(난기)니라

唐太宗御製에 云하되	당태종 어제에 이르기를,
上有麾之하고	"위에서 지휘하는 자와
中有乘之하여	중간에는 이에 의하여 다스리는 관원이 있고
下有附之하여	그 아래에는 이에 따르는 백성이 있다.
幣帛衣之요	예물로서 받은 비단은 옷 지어 입고
倉廩食之하니	곳간에 있는 곡식으로 먹는다.
爾俸爾祿이	너희의 봉록은
民膏民脂니라	백성들의 피와 땀인 것이다.
下民은 易虐이어니와	아래에 있는 백성은 군림하기는 쉽지만
上蒼은 難欺니라	위에 있는 푸른 하늘은 속이기 어려우니라."

* 당태종 : 이세민(李世民) : 당(唐)나라 2대 황제. 아버지인 당고조 이연(李淵)과 함께 수나라를 멸하고 당나라를 수립하였다. 재위 시에는 치세를 잘하여 '정관(貞觀)의 치(治)'라 칭송받았고, 후세 제왕의 모범이 되었으나, 고구려와의 안시성전투에서 패하였다.

▷ 御製 : 임금이 친히 지은 글. ▷ 麾 : 대장기 휘, 지휘할 휘. 麾下(휘하).
▷ 乘 : 탈 승, 오를 승. ▷ 附 : 붙을 부, 의지할 부. ▷ 幣 : 비단 폐, 예물 폐.

▷ 帛 : 비단 백. ▷ 倉 : 곳집 창. ▷ 廩 : 곳집 름. ▷ 爾 : 너 이. ▷ 俸 : 녹 봉. 祿 : 복 록. 俸祿 = 녹봉(祿俸). 현대의 연봉의 개념. ▷ 膏 : 살찔 고, 기름 고. ▷ 脂 : 기름 지. ▷ 易 : 쉬울 이. ▷ 虐 : 사나울 학, 가혹할 학. ▷ 蒼 : 푸를 창. ▷ 欺 : 속일 기.

3.

동몽훈 왈 당관지법 유유삼사 일청일신일
童蒙訓에 曰 當官之法이 唯有三事하니 日淸日愼日

근 지차삼자 지소이지신의
勤이라 知此三者면 知所以持身矣니라

(6번까지 이어짐)

童蒙訓에 曰	동몽훈에 말하기를,
當官之法이	"관리된 자의 지켜야 할 법은
唯有三事하니	오직 세 가지가 있으니
日淸日愼日勤이라	청렴과 신중과 근면이다.
知此三者면	이 세 가지를 알면
知所以持身矣니라	몸 가질 바를 아느니라."

* 동몽훈 : 송(宋)나라 여본중(呂本中)이 아이들을 가르치기 위하여 지은 교육서. 여본중(1084~1145)은 중국 남송시대의 시인을 본명은 대중(大中), 자는 거인(居仁), 호는 동래선생(東萊先生), 수주(壽州 : 지금의 안후이 성[安徽省] 펑타이[風臺]) 사람이다. 원우연간(元祐年間 : 1086~94)의 재상 여공저(呂公著)의 증손자이며, 여호문(呂好問)의 아들이다. 선조의 덕택으로 관직에 들어섰지만, 신법(新法)·구법(舊法)의 당쟁에 말려들어 여공저가 추방되자 그 역시 관직을 사임했다. 1136년(紹興 6)에 진사가 되었으며, 중서사인(中書舍人)·권직학사원(權直學士院)을 역임했다. 재상 진회(秦檜)의 뜻을 거역하여 관직에서 파면되었다. 그의 시는 그 자신이 강서시파(江西詩派)를 계

승하여 '활법'(活法)과 '오입'(悟入)을 위주로 한다고 밝혔다. 황정견(黃庭堅)·진사도(陳師道)의 영향을 많이 받았지만, 그 뒤 시풍이 많이 바뀌었다. 송이 남도(南渡)한 뒤에는 나라를 걱정하는 침통한 작품을 썼다. 일찍이 『강서시사종파도(江西詩社宗派圖)』를 지었으며, 『동래선생시집(東萊先生詩集)』·『자미시화(紫微詩話)』 등을 남겼다.

▷ 蒙 : 어릴 몽. ▷ 當 : 당할 당, 맡을 당, 지킬 당. ▷ 唯 : 오직 유. ▷ 淸 : 맑을 청. 탐욕이 없음. ▷ 愼 : 삼갈 신. ▷ 此 : 이 차. ▷ 所以 : 방법이나 수단, 이유나 목적, 까닭 등을 나타냄. ▷ 持 : 가질지. ▷ 矣 : ~이다(단정), ~구나!(감탄), ~일 것이다(추측).

4.

當官者는 必以暴怒爲戒하여 事有不可어든 當詳處之면 必無不中이어니와 若先暴怒면 只能自害라 豈能害人이리오

當官者는	관직에 있는 자는
必以暴怒爲戒하여	반드시 심하게 성내는 것을 경계하라.
事有不可어든	일에 옳지 않음이 있거든
當詳處之면	마땅히 자상하게 처리하면
必無不中이어니와	반드시 맞아들지 않는 것이 없으려니와
若先暴怒면	만약 성내기부터 먼저 한다면
只能自害라	오직 자신을 해롭게 할 뿐이니라.
豈能害人이리오	어찌 남을 해롭게 할 수 있으리오.

▷ '當官者'의 '當'은 맡을 당, 지킬 당, 당할 당. '當詳處之'의 '當'은 마땅할 당. ▷ 以~爲~= ~를 ~로 여기다, 삼다. ▷ 暴 : 사나울 폭. ▷ 戒 : 경계할 계. ▷ 不可 : 옳지 않은 일의 뜻. ▷ 詳 : 자세할 상. ▷ 處 : 처할 처, 처리할 처. ▷ 無不~ : ~하지 않는 것이 없다(이중부정 = 강한 긍정). ▷ 中 : 맞을 중. 的中(적중). ▷ 只 : 다만 지. ▷ 能 : 어떤 일을 할 수 있는 능력이나 조건이 되는 것을 나타냄. '~할 수 있다.' ▷ 豈 : 어찌 기.

5.

事君(사군)을 如事親(여사친)하며 事長官(사장관)을 如事兄(여사형)하며 與同僚(여동료)를 與家人(여가인)하며 待羣吏(대군리)를 如奴僕(여노복)하며 愛百姓(애백성)을 如妻子(여처자)하며 處官事(처관사)를 如家事(여가사)然後(연후)에 能盡吾之心(능진오지심)이니 如有(여유) 毫末不至(호말부지)면 皆吾心(개오심)에 有所未盡也(유소미진야)니라

事君을	임금을 섬기는 것을
如事親하며	어버이를 섬기는 것 같이 하며,
事長官을	윗사람 섬기기를
如事兄하며	형을 섬기는 것 같이 하며,
與同僚를	동료를 대하기를
與家人하며	자기 집 사람 같이 하며,
待羣吏를	여러 아전 대접하기를
如奴僕하며	자기 집 노복 같이 하며,
愛百姓을	백성 사랑하기를
如妻子하며	처자 같이 하며,
處官事를	나라 일 처리하기를

如家事然後에	내 집안일처럼 하고 난 뒤에야
能盡吾之心이니	능히 내 마음을 다했다 할 것이니라.
如有毫末不至면	만약 결과가 미진하다면
皆吾心에 有所未盡也니라	일 처리에 임한 내 마음자세를 살펴 볼 일이다.

▷ 事 : 섬길 사. ▷ 與 : 더불어 여. ▷ 僚 : 동료 료, 벼슬아치 료. ▷ 待 : 대할 대. ▷ 吏 : 아전 리, 벼슬아치 리. ▷ 僕 : 종 복. ▷ 處 : 처할 처, 처리할 처. ▷ 然後 : ~한 뒤에. ▷ 吾 : 나 오. ▷ 毫 : 가는 털 호. 毫末 : 털끝, 털끝만큼 작은 것. ▷ 皆 : 다 개.

6.

惑이 問 簿佐令者也니 簿欲所爲를 令或不從이면 奈何닛고 伊川先生曰 當以誠意動之니라 今令與簿不和는 便是爭私意요 令은 是邑之長이니 若能以事父兄之道로 事之하여 過則歸己하고 善則唯恐不歸於令하여 積此誠意면 豈有不動得人이리오

惑이 問	어떤 사람이 묻기를,
簿佐令者也니	"부는 영을 보좌하는 자입니다.
簿欲所爲를	부가 하고자하는 바를
令或不從이면 奈何닛고	영이 혹시 따르지 않는다면 어떻게 합니까?"

伊川先生曰이 이천선생이 대답하기를,
當以誠意動之니라 "마땅히 성의로써 움직여야 할 것이니라.
今令與簿不和는 이제 영과 부가 화목치 않는 것이
便是爭私意요 곧 사사로운 생각으로 다투는 것이니라.
令은 是邑之長이니 영은 고을의 장관이니
若能以事父兄之道로 事之하여 만약 부형을 섬기는 도리로 섬겨서
過則歸己하고 잘못이 있으면 자기에게로 돌리고
善則唯恐不歸於令하여 잘한 것은 영에게로 안 돌아갈 것이 두려워서
積此誠意면 이와 같은 성의를 쌓는다면
豈有不動得人이리오 어찌 사람을 움직이지 못함이 있으리오."

▷ 或 : 혹시 혹. ▷ 簿 : 장부 부. 여기서는 관직명을 뜻함. ▷ 佐 : 도울 좌. ▷ 爲 : 할 위. ▷ 柰 : 어찌 내. 柰何 : 어떻게. ▷ 이천선생 : 명도선생 정호의 동생인 정이를 말함. ▷ 當 : 마땅할 당. ▷ 以 : 써 이. ▷ 與 : 더불어 여, 함께 할 여. ▷ 只 : 다만 지. ▷ 是 : ~이다. ▷ 邑 : 고을 읍. ▷ 事 : 섬길 사. ▷ 唯 : 오직 유. ▷ 恐 : 두려워할 공. ▷ 於 : ~에, ~에게. ▷ 豈 : 어찌 기. ▷ 得 : '가능'을 나타냄. '~할 수 있다.'

7.

劉安禮問臨民한대 明道先生이 曰 使民으로 各得輸其情이니라 問御吏한대 曰 正己以格物이니라

(유안례문임민 명도선생 왈 사민 각득수 기정 문어리 왈 정기이격물)

劉安禮問臨民한대 유안례가 백성에 임하는 도리를 물으니
明道先生이 曰 명도 선생이 말하기를,

使民으로	"백성으로 하여금
各得輸其情이니라	각각 그들의 뜻을 펴게 할 것이니라."
問御吏한대 曰	아전을 거느리는 도리를 물으니,
正己以格物이니라	"자기를 바르게 함으로써 남을 바르게 할지니라."

* 유안례 : 북송(北宋) 때의 관리. 자는 원소(元素)이며 형 유안절(劉安節)과 함께 정명도 문하에서 배웠다.

▷ 臨 : 임할 림. ▷ 使 : 하여금 사, 시킬 사. ▷ 得 : 가능의 뜻. '~할 수 있다' ▷ 輸 : 나를 수, 보낼 수, 다할 수. ▷ 情 : 뜻 정. ▷ 御 : 다스릴 어. ▷ 己 : 자기 기. ▷ 格 : 바로잡을 격. ▷ 物 : 만물 또는 다른 사람.

8.

포박자 왈 영부월이정간 거정확이진언
抱朴子에 曰 迎斧鉞而正諫하며 據鼎鑊而盡言이면

차위충신야
此謂忠臣也이니라

抱朴子에 曰	포박자가 말하기를,
迎斧鉞而正諫하며	"도끼로 맞더라도 바른 길로 간하며,
據鼎鑊而盡言이면	솥에 넣어서 죽이려 하더라도 옳은 말을 다하면
此謂忠臣也이니라	이것을 충신이라 이르니라."

* 포박자 : 동진(東晋) 때의 갈홍(葛洪)이 지은 도교서적. 동진(東晋 : 317~420)의 갈홍 (葛洪)이 지었는데, 내편(內篇)과 외편(外篇)으로 나뉜다.

내편 20권에서는 수련을 통해 신선이 될 수 있음을 논증하고 있다. 황백(黃白)·금단(金丹)·복기(服氣)의 신선술과 선약을 먹는 수련방법에 대해 소개하고 완전한 체계를 갖춘 도교철학사상을 제시했다. 이것은 중국 진(晉)나라 이전 도교사의 중요한 저작이다. 황백술과 금단술 중에 기록된 화학기술 사료는 중국 고대 연단술(煉丹術)이 현대화학의 선구였음을 증명해준다.

외편에서는 군주가 현명한 사람을 예우하고 유능한 사람을 등용하며 절검(節儉)하고 백성을 사랑해야 한다는 유가의 이론을 제시하고 있어 내도외유(內道外儒)로 도교와 유학이 결합된 갈홍의 사상적 특징이 반영되어 있다.

▷ 迎 : 맞을 영. ▷ 斧 : 도끼 부. ▷ 鉞 : 도끼 월. ▷ 而 : ①~하고, ~하여 ②~하여도, ~하지만. 여기서는 ②의 뜻. ▷ 諫 : 간할 간. ▷ 據 : 웅거할 거. *雄據(웅거) : 어떤 지역에 자리 잡고 굳게 지킴. ▷ 鼎 : (다리가 셋이고 손잡이가 둘 달린)솥 정. ▷ 鑊 : 가마(솥) 확. ▷ 謂 : 이를 위. '~라 이르다(일컫다)'.

15. 治家篇(치가편)

가화만사성(家和萬事成)

1.

사마온공　왈　범제비　유사무대소　무득전행
司馬溫公 曰 凡諸卑는 幼事無大小이요 毋得專行하

필자품어가장
고 必咨稟於家長이니라

(2번까지 이어짐)

司馬溫公曰	사마온공이 말하기를,
凡諸卑는	"무릇 손아래 사람들은
幼事無大小이요	일의 크고 작음이 없이
毋得專行하고	제멋대로 행동하지 말고
必咨稟於家長이니라	반드시 집안 어른께 여쭈어 보고서 해야 하느니라."

* 사마온(司馬溫) : 북송(北宋) 때의 명신(名臣). 사마온공은 사마광(司馬光)을 가리킨다. 자는 군실(君實)로 섬주 하현(陝州 夏縣) 출신이다. 호는 제물자(齊物子), 시호는 문정(文正)이다. 송 인종 보원(1038~1040) 초에 진사가 되었다. 신종 때 왕안석이 신법을 실시하자 뜻이 맞지 않아 관직을 떠났으나 철종(哲宗)이 등극하자 상서좌복야(尙書左僕射)에 임용되어 신법당을 축출하였다. 태사온국공(太師溫國公)에 추증되었고, 속수향(涑水鄕)에 거주하

여 세상 사람들이 속수선생(涑水先生)으로 불렀다. 저서에 저 유명한 『자치통감』이 있다. 『송사』 권336, 사마광열전 참고.

▷ 凡 : 무릇 범. ▷ 諸 : 모두 제. ▷ 卑 : 낮을 비. ▷ 幼 : 어릴 유. ▷ 毋 : 말 무(금지). ▷ 得 : ~할 수 있다(가능). ▷ 專 : 오로지 전. 專行 : 제멋대로 행함. ▷ 咨 : 물을 자 = 諮. ▷ 稟 : 여쭐 품. ▷ 於 : ~에, ~에게.

2.

대객 부득불풍 치가 부득불검

待客에 不得不豊에 治家에 不得不儉이니라

待客에	손님 접대는
不得不豊에	풍성하게 하지 아니치 못하며,
治家에	살림살이는
不得不儉이니라	검소하지 않을 수 없느니라.

▷ 待 : 대할 대. ▷ 不得不~ : ~하지 않을 수 없다, ~해야 한다. ▷ 豊 : 풍년 풍, 풍성할 풍. ▷ 儉 : 검소할 검.

3.

태공왈 치인 외부 현여 경부

太公曰 痴人은 畏婦고 賢女는 敬夫니라

(6번까지 이어짐)

太公曰	태공이 말하기를,
痴人은	"어리석은 사람은

畏婦고	아내를 두려워하고
賢女는	어진 여자는
敬夫니라	남편을 공경하느니라.”

▷ 痴 : 어리석을 치. ▷ 畏 : 두려워할 외. ▷ 敬 : 공경할 경.

4.

凡使奴僕(범사노복)에 先念飢寒(선념기한)이니라

凡使奴僕에	무릇 노복을 부리는 데는
先念飢寒이니라	먼저 그들의 춥고 배고픔을 생각할지니라.

▷ 使 : 시킬 사, 부릴 사. ▷ 僕 : 종 복. ▷ 飢 : 주릴 기 = 饑. ▷ 寒 : 찰 한.

5.

子孝雙親樂(자효쌍친락)이오 家和萬事成(가화만사성)이니라

子孝雙親樂이오	자식이 효도하면 두 어버이가 즐겁고,
家和萬事成이니라	집안이 화목하면 만사가 이루어지느니라.

▷ 雙 : 쌍 쌍, 두 쌍. ▷ 親 : 어버이 친, 친할 친.

6.

時時防火發하고 夜夜備賊來니라

時時防火發하고	때때로 불이 나는 것을 막고
夜夜備賊來니라	도적이 드는 것을 방지할지니라.

▷ 時時 : 시간마다, 때마다. 夜夜 : 밤마다. ▷ 防 : 막을 방. ▷ 發 : 일어날 발. ▷ 備 : 갖출 비, 준비할 비. ▷ 賊 : 도둑 적.

7.

景行錄에 云하되 觀朝夕之早晏하여 可以卜人家之興替니라

景行錄에 云하되	경행록에 이르기를,
觀朝夕之早晏하여	"아침 저녁밥의 이르고 늦음을 보아
可以卜人家之興替니라	가히 그 사람 집의 흥하고 쇠함을 알 수 있느니라."

▷ 觀 : 볼 관. ▷ 早 : 이를 조. ▷ 晏 : 늦을 안. ▷ 可以~ : (~을 가지고) ~할 수 있다, ~할 만 하다. ▷ 卜 : 점 복, 점칠 복. ▷ 興 : 일어날 흥, 흥할 흥. ▷ 替 : 쇠퇴할 체.

8.

文仲子曰 婚娶而論財는 夷虜之道也이니라

(문중자왈 혼취이론재 이노지도야)

文仲子曰	문중자가 말하기를,
婚娶而論財는	"혼인하고 장가드는 데 재물을 논하는 것은
夷虜之道也이니라	오랑캐의 일이니라."

* 문중자 : 수(隋)나라 때의 사상가. 왕통(王通, 582~616)이라고 하는데, 자는 중엄(仲淹)이고 문중자(文中子)라고도 한다. 왕통은 유가사상의 계승을 필생 사업으로 생각하였다. 그의 근본사상은 중용(中庸)에 근거하였다. 그의 교육에 관한 학설은 그의 저작인 『중설(中說)』에 기록되어 있다. 그는 유가의 교육학설에 따라 덕례(德禮)교육을 주장하였다. 덕례의 내용은 인의(仁義)이다. 그에 의하면 인의는 교육의 근본이고, 교육은 인의를 실천할 수 있는 인재를 양성하는 것을 그 목적으로 삼아야 한다. 만약 난세를 만나 인의를 실천하기 어려우면 수신(修身)·제가(齊家)만이라도 실천해야 한다. 이러한 입장에서 그는 당시의 사람들이 농공(農工)을 천시하는 것을 반대하고, 그 자신이 몸소 농사지으며 생활을 하였다. 그는 모든 사람이 자기의 직분에 만족하고 직책을 충실히 완수할 것을 주장하여, 학문의 목적이 자기완성에 있다고 강조한다. 따라서 교육은 자기 본성을 바로잡는 '정기심(正其心)'에서 출발해야 하고, 다른 사람의 장점을 관찰하여 스승으로 삼아야 한다고 말하였다. 일반 유학자들과 마찬가지로 교육의 교재로서 춘추, 예(禮), 악(樂), 시(詩), 서(書), 역(易)을 쓰는 것이 좋다고 생각하였다.

▷ 婚 : 혼인할 혼. ▷ 娶 : 장가들 취. ▷ 論 : 논의할 론, 말할 론. ▷ 夷 : 오랑캐 이. ▷ 虜 : 오랑캐 로, 포로 로.

16. 安義篇(안의편)

현명한 이는 가족을 사랑하고
어리석은 이는 가족을 멀리한다.(가족인륜)

1.

안 씨 가 훈 왈 부 유 인 민 이 후 유 부 부 유 부 부
顏氏家訓에 曰 夫有人民而後에 有夫婦하고 有夫婦

이 후 유 부 자 유 부 자 이 후 유 형 제 일 가
而後에 有父子하고 有父子而後에 有兄弟하니 一家

지 친 차 삼 자 이 기 의 자 자 이 왕 지 우 구 족
之親은 此三者而已矣라 自玆以往으로 至于九族이

개 본 어 삼 친 언 고 어 인 륜 위 중 야 불 가 부 독
皆本於三親焉故로 於人倫에 爲重也니 不可不篤이니라

顏氏家訓에 曰	안씨가훈에 말하기를,
夫有人民而後에	"대저 백성이 있은 후에
有夫婦하고	부부가 있고
有夫婦而後에	부부가 있은 후에
有父子하고	부자가 있고
有父子而後에	부자가 있은 후에
有兄弟하니	형제가 있나니,
一家之親은	한 집의 친함은
此三者而已矣라	이 세 가지 뿐 이니라.
自玆以往으로	이에서부터 나아가

至于九族이	구족에 이르기까지는
皆本於三親焉故로	모두 이 삼친에 근본 하는지라.
於人倫에	그러므로, 인륜에 있어서
爲重也니	가장 중요한 것이니
不可不篤이니라	돈독하게 아니하지 못할지니라.”

* 안씨가훈 : 중국 북제(北齊)의 유학자 안지추(顔之推 : 531~602)가 후손들에게 남긴 유훈서(遺訓書). 2권 20편. 수(隨)나라 인수연간(仁壽年間 : 602~604)에 완성된 것으로 보인다. 산동성의 남부에서 건강(健康 : 지금의 난징[南京])으로 이주한 유명한 호족집안의 지은이가 남북조시대에 전란(戰亂)·망국(亡國)·포로생활 등의 고난을 겪으면서 느낀 처세관을 쓴 것이다. 목차는 서치(序致)·교자(敎子)·형제(兄弟)·후취(後娶)·치가(治家)·풍조(風操)·모현(慕賢)·면학(勉學)·문장(文章)·명실(名實)·섭무(涉務)·성사(省事)·지족(止足)·계병(誡兵)·양생(養生)·귀심(歸心)·서증(書證)·음사(音辭)·잡예(雜藝)·종제(終制)의 순으로 되어 있다. 철저한 가족제일주의에 입각하여 인간을 가족적인 존재로 파악하는 등 원래 군주(君主)에게 녹사(祿仕)하는 계급으로만 존재했던 사대부의 위치가 남북조의 격심한 혼란 속에 흔들리면서, 호신(護身)의 방책이 군신관계에서 혈연적 가족의 유대로 바뀌었음을 보여주고 있다. 당시의 정치·가족생활·학술·사상·풍속에 걸쳐 지은이의 견해를 표시하고, 중용(中庸)의 풍속인 호신술(護身術)을 설명하고 있다. 또 전통적 유교사상과 불교사상을 절충하여 학문연구의 방법을 제시하고 새로운 시대에 알맞은 유능한 관료가 되는 것을 권장했다. 당시 귀족의 처세방침과 정치·사회·사상·풍속 등에 걸친 남북조의 사회를 묘사하여 사료적 가치가 높다. 후대 주자학(朱子學)이 성행할 때 불교적 색채를 띤 귀심편이 삭제되기도 했다. 당대(唐代) 이래 가훈류(家訓類)의 비조(鼻祖)가 되었으며 평범한 사람들의 살아가는 길을 가르치는 지침서로 전해져왔다. 『한위총서(漢魏叢書)』·『지부족제총서(知不足齊叢書)』·『사부총간(四部叢刊)』·『용계정사총서(龍谿精舍叢書)』·『국학기본총서(國學基本叢書)』에 수록되어 있으며 청대(淸代)에는 조희명(趙曦明)·노문초(盧文弨)·전대흔(錢大昕) 등이 주(註)를 달았다.

▷ 夫 : 글의 첫머리에 쓰이는 발어사(發語詞)로, '무릇, 대저'의 뜻을 나타냄. ▷ ~而後~ : ~하고 난 후에 ~하다. ▷ 而已矣 : ~일 뿐이다, ~할 뿐이다. '而已'를 강조한 말. ▷ 親 : 친할 친. ▷ 自 : ~로부터. ▷ 玆 : 이 자. ▷ 以往 : 나아가. ▷ 至, 于 : ~까지. ▷ 구족(九族) : 고조·증조·조부·부·자기·자·손·증손·현손의 직계친을 중심으로, 방계친으로 형제·종형제·재종형제·삼종형제를 포함하는 친족의 범위. ▷ 皆 : 다 개. ▷ 於 : ~에, ~에게. ▷ 焉 : 종결사 겸 대명사. '~여기에[於之]'의 뜻. ▷ 爲 : 될 위. ▷ 不可~ : ~하는 것은 안 된다, ~할 수 없다. ▷ 篤 : 도타울 독, 돈독할 독.

2.

莊子曰 兄弟는 爲手足하고 夫婦는 爲衣服이니 衣服破時엔 更得新이어니와 手足斷處엔 難可續이니라

莊子曰	장자가 말하기를,
兄弟는 爲手足하고	"형제는 수족과 같고
夫婦는 爲衣服이니	부부는 의복과 같으니
衣服破時엔	의복이 떨어졌을 때는
更得新이어니와	새것으로 갈아입을 수 있거니와
手足斷處엔	수족이 잘라진 곳은
難可續이니라	잇기가 어려우니라."

* 장자(莊子, 기원전 369년?~기원전 286년). 본명은 주(周). 중국 전국시대 송(宋)나라 몽(蒙; 현재의 안휘성 몽성 또는 하남성 상구 추정) 출신. 저명한 중국 철학자로 제자백가 중 도가(道家)의 대표적인 인물이며 노자(老子) 사상을 계승, 발전시켰다.

▷ 爲 : 될 위. ▷ 服 : 옷 복. ▷ 破 : 깨뜨릴 파. ▷ ~時 : ~할 때. ▷ 更 : 다시 갱. ▷ 得 : ~할 수 있다(가능). ▷ 續 : 이을 속.

3.

소동파 운 부불친혜빈불소 차시인간대장부
蘇東坡 云하되 富不親兮貧不疎는 此是人間大丈夫요

부즉진혜빈즉퇴 차시인간진소배
富則進兮貧則退는 此是人間眞小輩니라

蘇東坡 云하되	소동파가 이르기를,
富不親兮貧不疎는	"부유하다고 친하지 않으며, 가난하다고 멀리하지 않음은
此是人間大丈夫요	이것이 바로 인간으로서의 대장부라 할 것이요,
富則進兮貧則退는	부유하면 가까이 하고 가난하면 멀리 하는 것은
此是人間眞小輩니라	이는 곧 사람 중에서 참으로 마음이 작은 무리이니라."

* 소식(蘇軾, 1037년~1101년)은 중국 북송 시대의 시인이자 문장가, 학자, 정치가이다. 자(字)는 자첨(子瞻)이고 호는 동파거사(東坡居士)였다. 흔히 소동파(蘇東坡)라고 부른다. 현 쓰촨 성 미산(眉山)현에서 태어났다. 시(詩), 사(詞), 부(賦), 산문(散文) 등 모두에 능해 당송팔대가의 한 사람으로 손꼽혔다.

▷ 兮 : '~여, ~인가'로 풀이(멈춤, 완만함, 감정을 나타냄). ▷ 此 : 이를 차. ▷ 是 : ~이다. ▷ 則 : ~하면(가정, 원인과 결과). ▷ 輩 : 무리 배.

17. 遵禮篇(준례편)

예(禮)란 사치스럽기보다는 차라리 검소한 것이다.(예절)

1.

자왈 거가유례고 장유변 규문유례고 삼족
子曰 居家有禮故로 長幼辨하고 閨門有禮故로 三族
화 조정유례고 관작서 전렵유례고 융
和하고 朝廷有禮故로 官爵序하고 田獵有禮故로 戎
사한 군려유례고 무공성
事閑하고 軍旅有禮故로 武功成이니라

子曰	공자가 말하기를,
居家有禮故로	"한 집안에 예가 있으므로
長幼辨하고	어른과 어린이가 분별이 있고,
閨門有禮故로	안방에 예가 있으므로
三族和하고	삼족이 화목하고,
朝廷有禮故로	조정에 예가 있으므로
官爵序하고	벼슬의 차례가 있고,
田獵有禮故로	사냥하는데 예가 있으므로
戎事閑하고	군사일이 숙달되고
軍旅有禮故로	군대에 예가 있으므로
武功成이니라	무공이 이루어지느니라."

▷ 故 : 그러므로, 까닭에. ▷ 辨 : 분별할 변. ▷ 閨 : 안방 규. 閨門 = 閨中 : 부녀자들이 거처하는 방. ▷ 삼족(三族) : 아버지와 아들과 손자, 부모와 형제와 처자, 친족과 외족과 처족. ▷ 爵 : 벼슬 작. ▷ 序 : 차례 서. ▷ 獵 : 사냥할 렵. 田 : 사냥할 전. 田獵→獵. ▷ 戎 : 병기 융, 군사 융. ▷ 閑 : 익힐 한. ▷ 旅 : 군사 려(500명이 일개 대(隊)를 구성). ▷ 功 : 공 공.

2.

子曰 君子有勇而無禮면 爲亂하고 小人이 有勇而無禮면 爲盜니라

子曰	공자가 말하기를,
君子有勇而無禮면	"군자가 용맹만 있고 예가 없으면
爲亂하고	세상을 어지럽게 하고,
小人이 有勇而無禮면	소인이 용맹만 있고 예가 없으면
爲盜니라	도둑이 되느니라."

▷ 勇 : 용맹할 용. ▷ 而 : ~하여도, ~하지만. ▷ 爲 : 될 위. ▷ 盜 : 도둑 도, 훔칠 도.

3.

曾子曰 朝廷엔 莫如爵이요 鄕黨엔 莫如齒요 輔世長民엔 莫如德이니라

(증자왈 조정 막여작 향당 막여치 보세장 민 막여덕)

曾子曰	증자가 말하기를,
莫如爵이요	"조정에는 지위보다 좋은 것이 없고,
鄕黨엔 莫如齒요	한 고을에는 나이가 많은 사람보다 나은 이 없으며,
輔世長民엔	나라 일을 잘하고 백성을 다스리는 것에는
莫如德이니라	덕 만 한 것이 없느니라."

* 증자(B.C. 505~ 436경) : 춘추시대(春秋時代)의 유학자로 이름은 삼(參), 자는 자여(子輿). 공자의 도(道)를 계승하였다. 『대학』 저자로 알려져 있다. 『대학』은 『예기』의 한 부분이며 4서(四書) 가운데 하나로, 그는 여기에서 유가의 덕목인 충(忠)과 서(恕)의 중요성을 강조했다. 그는 유가에서 강조하는 '효'를 재확립하는 데 힘썼는데, "부모를 기리고, 부모를 등한시하지 않으며, 부모를 부양한다."라고 하여 효를 3단계로 열거했다.

▷ 莫 : 없을 막(금지). 莫如~ : ~와 같은 것이 없다, ~만한 것이 없다. ▷ 鄕黨 = 鄕里. ▷ 齒 : 이 치, 나이 치. ▷ 輔 : 도울 보. ▷ 長 : 기를 장, 우두머리 장, 어른 장.

4.

노소장유 천분질서 불가패리이상도야
老少長幼는 天分秩序니 不可悖理而傷道也이니라

老少長幼는	나이든 이와 젊은이
天分秩序니	어른과 아이는 하늘이 정한 차례이니
不可悖理而傷道也이니라	이치와 도리를 어겨서는 안 되느니라.

▷ 長 : 어른 장. ▷ 秩 : 차례 질. ▷ 序 : 차례 서. ▷ 不可~ : ~하는 것은 안 된다, ~할 수 없다. ▷ 悖 : 어그러질 패, 거스를 패. ▷ 而 : ~하고, ~하여. ▷ 傷 : 해칠 상.

5.

출문여견대빈 입실여유인
出門如見大賓하고 入室如有人이니라

出門如見大賓하고	밖에 나설 때는 큰 손님을 대하는 것 같이 하고
入室如有人이니라	방으로 들 때는 사람이 있는 것 같이 하라.

▷ 賓 : 손 빈. ▷ 室 : 집 실, 방 실.

6.

약요인중아 무과아중인
若要人重我인데 無過我重人이니라

若要人重我인데	만약 남이 나를 중하게 여김을 바란다면,
無過我重人이니라	내가 먼저 남을 중히 여겨야 하느니라.

▷ 若 : 만일 약. ▷ 要 : 구할 요. ▷ 無過~ : ~보다 지나친 것은 없다, 나은 것은 없다.

7.

부불언자지덕 자부담부지과
父不言子之德하며 子不談父之過니라

(3~7번 연결된 문장)

父不言子之德하며	아버지는 아들의 덕을 말하지 말 것이며,
子不談父之過니라	자식은 어버이의 허물을 말하지 아니 할지니라.

▷ 談 : 말씀 담. ▷ 過 : 허물 과.

18. 言語篇(언어편)

술은 나를 알아주는 친구를 만나면 천 잔도 적고,
말은 기회가 맞지 않으면 한 마디도 많다.(말의 중요성)

1.

유 회 왈 언 부 중 리 불 여 불 언
劉會曰 言不中理면 不如不言이니라

(2번까지 이어짐)

劉會曰	유회가 말하기를,
言不中理면	"말이 이치에 맞지 않으면,
不如不言이니라	말하지 아니함만 못하느니라."

* 유회(?) : 누군지 정확히 알려진 바 없음.

▷ 中 : 맞을 중. ▷ 不如 = 不若 : ~만 같지 못하다, ~만 못하다.

2.

일 언 부 중 천 어 무 용
一言不中이면 千語無用이니라

一言不中이면	한마디 말이 맞지 않으면
千語無用이니라	천 마디 말이 쓸데없느니라.

3.

군평 왈 구설자 화환지문 멸신지부야
君平이 曰 口舌者는 禍患之門이요 滅身之斧也이니라

君平이 曰	군평이 말하기를,
口舌者는	"입과 혀는
禍患之門이요	재앙과 근심의 문이요,
滅身之斧也이니라	몸을 다치게 하는 도끼와 같다."

* 군평 : ①삼국시대 촉(蜀)나라의 점술가. ②당(唐)나라의 문인 한굉의 자. ③前漢(전한) 武帝(무제)때의 隱士(은사)로 본명은 嚴遵(엄준)이며 君平은 자(字)이다.

▷ 者 : ~이란 것은(主語), ~는(後置詞). ▷ 滅 : 멸망할 멸. ▷ 斧 : 도끼 부.

4.

이인지언 난여면서 상인지어 이여형극
利人之言은 煖如綿絮하고 傷人之語는 利如荊棘이야

일언반구중치천김 일어상인 통여도할
一言半句重値千金이요 一語傷人에 痛如刀割이니라

利人之言은	사람을 이롭게 하는 말은
煖如綿絮하고	따뜻하기 솜과 같고
傷人之語는	사람을 상하게 하는 말은
利如荊棘이야	날카롭기가 가시 같아서
一言半句重値千金이요	한 마디 말이 무겁기가 천금과 같고
一語傷人에	사람을 해하는 한 마디는
痛如刀割이니라	칼로 베는 고통을 준다.

▷ 煖 : 따뜻할 난. ▷ 綿 : 솜 면. ▷ 傷 : 상처 상, 해칠 상. ▷ 絮 : 솜 서.
▷ 荊 : 가시 형. ▷ 棘 : 가시 극. 荊棘(형극) : ①가시 ②고난이나 장애를 비유.
▷ 句 : 글귀 구. ▷ 値 : 값 치, 값할 치, 가질 치. ▷ 痛 : 아플 통. ▷ 割 : 벨 할, 나눌 할, 쪼갤 할.

5.

口是傷人斧요 言是割舌刀니 閉口深藏舌이면 安身處處牢니라

口是傷人斧요	입은 사람을 상하게 하는 도끼요,
言是割舌刀니	말은 혀를 베는 칼이니,
閉口深藏舌이면	입을 막고 혀를 깊이 감추면
安身處處牢니라	몸이 어느 곳에 있어도 편안할 것이니라.

▷ 是 : ~이다. ▷ 閉 : 닫을 폐. ▷ 藏 : 감출 장. ▷ 牢 : 우리 뢰, 굳을 뢰.

6.

逢人且說三分話하되 未可全抛一片心이니 不怕虎生三個口요 只恐人情兩樣心이니라

逢人且說三分話하되	사람을 만나거든 말을 삼분하여 하되

未可全拋一片心이니	자기가 지니고 있는 한 조각마음을 다 버리지 말지니
不怕虎生三個口요	호랑이의 세 입을 두려워하지 말고,
只恐人情兩樣心이니라	오직 사람의 두 마음을 두려워할지니라.

▷ 逢 : 만날 봉. ▷ 且 : 잠깐 차. ▷ 三分話↔三個口, 一片心↔兩樣心. ▷ 未 : ~이 아니다, 못하다(부정). 可 : 옳을 가. 未可 : 옳지 않다(못하다). ▷ 全 : 모두, 전부, 완전히. ▷ 拋 : 던질 포, 버릴 포. ▷ 片 : 조각 편. ▷ 怕 : 두려워할 파. ▷ 生 : 날 생. ▷ 個 : 낱 개. ▷ 只 : 다만 지. ▷ 恐 : 두려울 공. ▷ 樣 : 모양 양.

7.

酒逢知己千鍾少요 話不投機一句多니라
(주봉지기천종소 화불투기일구다)

酒逢知己千鍾少요	술은 나를 잘 아는 친구를 만나면 천 잔도 적고,
話不投機一句多니라	말은 뜻이 맞지 않으면 한 마디도 많으니라.

▷ 知己(지기) : 자기를 알아주는 친구. ▷ 鐘 = 鍾 : 술잔 종. ▷ 投機 : 기회[時機(시기)]를 잘 맞춤. 부동산투기(不動産投機).

19. 交友篇(교우편)

芝蘭之交(지란지교)를 꿈꾸자.(좋은 벗)

1.

자왈 여선인거 여입지란지실 구이불문기향
子曰 與善人居에 如入芝蘭之室하여 久而不聞其香하
즉여지화의 여불선인거 여입포어지사
되 卽與之化矣요 與不善人居에 如入鮑魚之肆하야
구이불문기취 역여지화의 단지소장자 적
久而不聞其臭하되 亦與之化矣니 丹之所藏者는 赤하
칠지소장자 흑 시이 군자 필신기소여
고 漆之所藏者는 黑이라 是以로 君子는 必愼其所與
처자언
處者焉이니라

子曰	공자가 말하기를,
與善人居에	착한 사람과 함께 있으면
如入芝蘭之室하여	지란이 있는 방에 있는 것과 같아
久而不聞其香하되	오래되면 그 향기를 맡지 못하지만
卽與之化矣요	그것은 향기와 동화된 탓이다.
與不善人居에	착하지 못한 사람과 함께 있는 것은
如入鮑魚之肆하야	마치 생선가게에 들어간 것과 같으니
久而不聞其臭하되	오래되면 그 악취를 맡지 못하지만
亦與之化矣니	이것도 악취와 동화된 탓이다.

丹之所藏者는 赤하고	붉은 단사를 품고 있으면 붉어지고,
漆之所藏者는 黑이라	검은 옻을 품고 있는 사람은 검어진다.
是以로 君子는	그러므로 군자는
必愼其所與處者焉이니라	함께 있을 사람은 정중하고 조심하는 마음으로 선택하여 지내야 할 것이다.

* 焉 : ①종결사 겸 대명사로서 장소를 나타냄. '~여기에[於之]'. ②앞의 동사와 관련된 사람이나 사물을 나타냄.

▷ 與 : 더불어 여. ▷ 居 : 있을 거, 살. ▷ 芝 : 지초(芝草) 지. ▷ 芝草 : ①초여름에 흰 꽃이 피는 다년생 들꽃. ②영지버섯을 말하기도 함. ▷ 蘭 : 난초 란. ▷ 久 : 오랠 구. ▷ 而 : ~하여, ~여서(순접). ▷ 聞 : 냄새 맡을 문. ▷ 卽 : 곧 즉. ▷ 化 : 될 화, 화할 화. ▷ 矣 : ~이다(단정), ~일 것이다(추측). ▷ 鮑 : 절인 어물 포. ▷ 脯 : 말린 고기 포. 포 포. ▷ 肆 : 저자 사, 가게 사. ▷ 臭 : 냄새 취. ▷ 丹 : 붉을 단. 주사(朱砂)=단사(丹砂)를 의미. ▷ 藏 : 감출 장, 간직할 장, 품을 장. ▷ 漆 : 옻 칠. ▷ 是以 : 이로써, 이런 까닭에. ▷ 是故 : 이러므로, 때문에. ▷ 愼 : 삼갈 신. ▷ 處 : 살 처, 곳 처.

2.

家語에 云하되 與好人同行에 如霧露中行하야 雖不濕依라도 時時有潤하고 與無識人同行에 如厠中坐하야 雖不汚衣라도 時時聞臭니라

家語에 云하되	가어에 이르기를,
與好人同行에	"학문을 좋아하는 사람과 동행한다면

如霧露中行하야	마치 안개 속을 가는 것과 같아서
雖不濕依라도	비록 옷은 적시지 않더라도
時時有潤하고	때때로 윤택함이 있고
與無識人同行에	무식한 사람과 동행하면
如厠中坐하야	마치 뒷간에 앉은 것 같아서
雖不汚衣라도	비록 옷은 더럽히지 않더라도
時時聞臭니라	때때로 그 냄새가 맡아지느니라.”

▷ 好 : 좋을 호. ▷ 霧 : 안개 무. ▷ 雖 : 비록 수. ▷ 濕 : 젖을 습. ▷ 潤 : 젖을 윤, 물기 윤, 윤택할 윤. ▷ 厠 : 뒷간 측. ▷ 汚 : 더러울 오. ▷ 聞 : 냄새 맡을 문. ▷ 臭 : 냄새 취.

3.

子曰 晏平仲은 善與人交로다 久而敬之니라

(자왈 안평중 선여인교 구이경지)

(8번까지 이어짐)

子曰	공자가 말하기를,
晏平仲은	“안평중은
善與人交로다	사람들을 잘 사귀어
久而敬之니라	오랜 세월 공손히 섬김이 여전하구나.”

* 출전 : 『논어』 공야장편(公冶長篇).
* 안평중(?~BC 500) : 공자와 동시대의 인물로 제(齊) 나라의 재상 안영(晏嬰)을 말하며, 평중은 그의 자. 영공(靈公), 장공(莊公), 경공(景公)의 3대를 섬기면서 재상을 지냈다. 『안자춘추(晏子春秋)』는 그의 언행을 후세 사람이 기록한 것이다.

▷ 善 : 잘~하다, ~을 잘하다. ▷ 交 : 사귈 교. ▷ 而 : ~하나, ~하여도(역접, 전환). ▷ 敬 : 공경할 경.

4.

상식 만천하 지심능기인

相識이 滿天下하되 知心能幾人고

相識이	서로 얼굴을 아는 사람은
滿天下하되	온 세상에 많이 있으되,
知心能幾人고	마음을 아는 사람은 몇이나 되겠는고.

▷ 相 : 서로 상. ▷ 識 : 알 식. ▷ 滿 : 찰 만, 가득할 만. ▷ 能 : ~할 수 있다(가능). ▷ 幾 : 몇 기, 얼마 기.

5.

주식형제 천개유 급난지붕 일개무

酒食兄弟는 千個有로되 急難之朋은 一個無니라

酒食兄弟는	서로 술이나 음식을 함께 할 때에는
千個有로되	형이니 동생이니 하는 친구가 많으나,
急難之朋은	급하고 어려운 일을 당했을 때 도와줄 친구는
一個無니라	하나도 없느니라.

▷ 個 : 낱 개. ▷ 急 : 급할 급. ▷ 難 : 어려울 난. ▷ 朋 : 벗 붕.

6.

不結子花는 休要種이요 無義之朋은 不可交니라
(불결자화 휴요종 무의지붕 불가교)

不結子花는	열매를 맺지 않는 꽃은
休要種이요	심지 말고
無義之朋은	의리 없는 친구는
不可交니라	사귀지 말지니라.

▷ 結 : 맺을 결. ▷ 子 : 열매 자, 씨 자. ▷ 休 : 그칠 휴. ~하지 말라(금지)의 뜻. ▷ 要 : 구할 요, 원할 요, 바랄 요. ▷ 種 : 심을 종. ▷ 不可 : ~할 수 없다, ~해서는 안 된다.

7.

君子之交는 淡如水하고 小人之交는 甘若醴니라
(군자지교 담여수 소인지교 감약례)

君子之交는	군자의 사귐은
淡如水하고	맑기가 물과 같고,
小人之交는	소인의 사귐은
甘若醴니라	달콤하기가 단술 같으니라.

▷ 淡 : 물 맑을 담, 욕심 없을 담. ▷ 甘 : 달 감. ▷ 若 : 같을 약. ▷ 醴 : 단술 례. 단술 = 감주(甘酒), 식혜.

8.

路遙知馬力이요 日久見人心이니라
(로요지마력 일구견인심)

路遙知馬力이요	길이 멀어야 말의 힘을 알 수 있고,
日久見人心이니라	날이 오래 지내야만 사람의 마음을 알 수 있느니라.

▷ 遙 : 멀 요. ▷ 久 : 오랠 구. ▷ 見 : 보일 견. 또는 나타날 현.

20. 婦行篇(부행편)

부녀자들이 갖추고 수행해야 할 덕

1.

익 지 서 　 운 　 여 유 사 덕 지 예 　 일 왈 부 덕
益智書에 云하되 女有四德之譽하니 一曰婦德이요
이 왈 부 용 　 삼 왈 부 언 　 사 왈 부 공 야
二曰婦容이요 三曰婦言이요 四曰婦工也니라

(4번까지 이어짐)

益智書에 云하되	익지서에 이르기를,
女有四德之譽하니	"여자는 네 가지 덕의 아름다움이 있으니,
一曰婦德이요	첫째는 부덕을 말하고,
二曰婦容이요	둘째는 부용을 말하고,
三曰婦言이요	셋째는 부언을 말하며,
四曰婦工也니라	넷째는 부공을 말하느니라."

* 익지서 : 중국 송나라 때의 책으로, 그 내용은 교양에 관한 것이다.

▷ 譽 : 기릴 예, 칭찬할 예. ▷ 婦 : 아내 부. ▷ 容 : 얼굴 용, 모양 용. ▷ 工 : 장인 공, 공교(工巧)할 공. ▷ 也 : ~이다(종결사).

2.

부덕자　불필재명절이　부용자　불필안색미려
婦德者는 不必才名絶異요 婦容者는 不必顏色美麗요

부언자　불필변구리사　부공자　불필기교과인야
婦言者는 不必辯口利詞요 婦工者는 不必技巧過人也
니라

婦德者는	덕이라는 것은
不必才名絶異요	반드시 재주와 이름이 뛰어남을 말하는 것이 아니요,
婦容者는	부용이라는 것은
不必顏色美麗요	반드시 얼굴이 아름답고 고움을 말함이 아니요,
婦言者는	부언이라는 것은
不必辯口利詞요	반드시 입담이 좋고 말 잘하는 것이 아니요,
婦工者는	부공이라는 것은
不必技巧過人也니라	반드시 손재주가 다른 사람보다 뛰어남을 말하는 것이 아니다.

▷ 者 : 것 자. ▷ 不必~ : ~할 필요가 없다. ▷ 絶 : 으뜸 절, 뛰어날 절. ▷ 異 : 기이할 이, 뛰어날 이. 絶異 : 매우 뛰어남. ▷ 顏 : 얼굴 안. ▷ 麗 : 고울 려. ▷ 辯 : 말 잘할 변. ▷ 利 : 날카로울 리. 이로울 리. ▷ 詞 : 말씀 사. ▷ 過人 : 남보다 뛰어남.

3.

其婦德者는 淸貞廉節하여 守分整齊하고 行止有恥하야 動靜有法이니 此爲婦德也요 婦容者는 洗浣塵垢하여 衣服鮮潔하며 沐浴及時하여 一身無穢니 此爲婦容也요 婦言者는 擇師而說하여 不談非禮하고 時然後言하여 人不厭其言이니 此爲婦言也요 婦工者는 專勤紡積하고 勿好暈酒하며 供具甘旨하여 以奉賓客이니 此爲婦工也니라

其婦德者는	부덕이라 함은
淸貞廉節하여	맑고 절개가 곧으며,
守分整齊하고	분수를 지키며 몸가짐을 고르게 하고
行止有恥하야	한결같이 얌전하게 행하고 행동을 조심하며,
動靜有法이니	행실을 법도에 맞게 하는 것이니
此爲婦德也요,	이것이 부덕이 되는 것이요,
婦容者는	부용이라 함은
洗浣塵垢하여	먼지나 때를 깨끗이 빨아
衣服鮮潔하며	옷차림을 정결하게 하며,
沐浴及時하여	목욕을 제 때에 하여
一身無穢니	몸이 더러움이 없게 하는 것이니
此爲婦容也요,	이것이 부용이 되는 것이요,

婦言者는	부언이라 함은
擇師而說하여	말을 가려서 하며,
不談非禮하고	예의에 어긋나는 말을 하지 않고
時然後言하여	꼭 해야 할 때에 말해서
人不厭其言이니	사람들이 그 말을 싫어하지 않는 것이니
此爲婦言也요,	이것이 부언이 되는 것이요,
婦工者는	부공이라 함은
專勤紡積하고	길쌈을 부지런히 하며
勿好暈酒하며	술을 빚어내기를 좋아하지 않고,
供具甘旨하여	좋은 맛을 갖추어서
以奉賓客이니	손님을 접대하는 것이니
此爲婦工也니라	이것이 부공이 되느니라.

▷ 貞 : 곧을 정, 정조 정. ▷ 廉 : 청렴할 렴. ▷ 節 : 절개 절. ▷ 守 : 지킬 수. ▷ 整 : 가지런할 정, 정돈할 정. ▷ 齊 : 가지런할 제. ▷ 行止 = 행동거지(行動擧止). ▷ 恥 : 부끄러울 치. ▷ 動靜 = 행실(行實) = 행동. ▷ 爲 : 될 위. ▷ 洗 : 씻을 세. ▷ 浣 : 빨 완, 씻을 완. ▷ 塵 : 티끌 진, 먼지 진. ▷ 垢 : 때 구. ▷ 鮮 : 고울 선, 깨끗할 선. ▷ 潔 : 깨끗할 결. ▷ 沐 : 머리감을 목. ▷ 浴 : 목욕할 욕. ▷ 及 : 미칠 급, 이를 급. ▷ 穢 : 더러울 예. ▷ 擇 : 가릴 택. ▷ 時然後(시연후) : 때가 된 후에. ▷ 厭 : 싫을 염. ▷ 專 : 오로지 전. ▷ 紡 : 실 뽑을 방. ▷ 績 : 길쌈할 적. ▷ 暈 : (해·달)무리 훈. ▷ 供 : 이바지할 공, 바칠 공. ▷ 具 : 갖출 구. ▷ 旨 : 맛있을 지. ▷ 奉 : 받들 봉. ▷ 賓 : 손 빈.

4.

此四德者는(차사덕자) 是婦人之所不可缺者라(시부인지소불가결자) 爲之甚易하고(위지심이)

務之在正하니(무지재정) 依此而行이면(의차이행) 是爲婦節이니라(시위부절)

此四德者는	이 네 가지 덕은
是婦人之所不可缺者라	부녀자로서 하나도 빠질 수 없는 것이니
爲之甚易하고	행하기 매우 쉽고
務之在正하니	힘씀이 바른데 있으니,
依此而行이면	이를 의지하여 행하여 나간다면
是爲婦節이니라	곧 부녀자로서의 범절이 되느니라.

▷ 是 : ~이다. ▷ 缺 : 모자랄 결, 빠질 결. ▷ 爲 : 할 위. ▷ 甚 : 심할 심. ▷ 易 : 쉬울 이. ▷ 務 : 힘쓸 무. ▷ 爲之, 務之에서 之는 주격(主格)을 나타내며 '~이(가)'로 풀이. ▷ 依 : 의지할 의. ▷ 而 : ~하여(해서).

5.

太公曰(태공왈) 婦人之禮는(부인지례) 語必細니라(어필세)

(8번까지 이어짐)

太公曰	태공이 말하기를,
婦人之禮는	"부인의 예절은
語必細니라	말이 반드시 곱고 가늘어야 하느니라."

▷ 細 : 가늘 세.

6.

賢婦(현부)는 令夫貴(영부귀)요 惡婦(악부)는 令夫賤(영부천)이니라

賢婦는	어진 부인은
令夫貴요	남편을 귀하게 하고,
惡婦는	악한 부인은
令夫賤이니라	남편을 천하게 하느니라.

▷ 令, 使, 教, 命 : ~로 하여금 ~하게 하다(使動形보조사). ▷ 貴 : 귀할 귀. ▷ 賤 : 천할 천.

7.

家有賢妻(가유현처)면 夫不遭橫禍(부부조횡화)니라

家有賢妻면	집에 어진 아내가 있으면
夫不遭橫禍니라	그 남편이 뜻밖의 화를 만나지 않으리라.

▷ 遭 : 만날 조. ▷ 橫 : ①가로 횡, ②비정상적인 일을 말함. 橫禍 : 뜻밖의 재앙(화). 橫財 : 뜻밖에 얻은 재물.

8.

賢婦(현부)는 和六親(화육친)하고 佞婦(영부)는 破六親(파육친)이니라

賢婦는	어진 부인은
和六親하고	육친을 화목하게 하고,
佞婦는	간악한 부인은
破六親니라	육친의 화목을 깨트리느니라.

▷ 和 : 화할 화, 화목할 화. ▷ 六親 : 부모·형제·처자(父母·兄弟·妻子).
▷ 佞 : 아첨할 녕.

21. 增補篇(증보편)

인과응보의 교훈

1.

周易에 曰 善不積이면 不足以成名이요 惡不積이면 不足以滅身이어늘 小人은 以小善으로 爲无益而弗爲也하고 以小惡으로 爲无傷而弗去也니라 故惡積而不可掩이요 罪大而不可解니라

(2번까지 이어짐)

周易에 曰	주역에 말하기를,
善不積이면	“선을 쌓지 않으면
不足以成名이요	족히 이름을 이룰 수 없을 것이요,
惡不積이면	악을 쌓지 않으면
不足以滅身이어늘	몸을 망치지 아니할 것이요,
小人은 以小善으로	소인은 조그마한 선으로서는
爲无益而弗爲也하고	이로움이 없다고 해서 행하지 않고,
以小惡으로	조그마한 악으로서는
爲无傷而弗去也니라	해로움이 없다고 해서 버리지 않는다.

故惡積而不可掩이요 그러므로, 악이 쌓이면 가히 없애지 못할 것이요,

罪大而不可解니라 죄가 크면 가히 풀지 못하느니라."

▷ 積 : 쌓을 적. ▷ 足以 : ~할 수 있다. 不足以 : ~할 수 없다. ▷ 滅 : 멸망할 멸. ▷ 以~爲~ : ~을 ~로 여기다(생각하다), ~을 ~으로 한다. ▷ 无 : 없을 무. 無의 고자(古字). ▷ 而 : ~해서(하여), ~여서. ▷ 弗 : 아닐 불. 不보다는 어감이 강함. ▷ 傷 : 해칠 상, 다칠 상. ▷ 去 : 버릴 거, 물리칠 거. ▷ 掩 : 가릴 엄, 덮을 엄. ▷ 解 : 풀 해.

2.

이 상 견 빙 지 신 시 기 군 자 시 기 부
履霜하면 堅氷至라 하니 臣弑其君하며 子弑其父가

비 일 단 일 석 지 사 기 소 유 래 자 점 의
非一旦一夕之事이라 其所由來者漸矣니라

履霜하면 서리를 밟으면

堅氷至라하니 얼음이 다다른다 하니

臣弑其君하며 신하가 그 임금을 죽이며,

子弑其父가 자식이 그 아비를 죽이는 것이

非一旦一夕之事이라 하루아침이나 하루저녁에 이루어지는 것이 아니라

其所由來者漸矣니라 그 말미암음이 오래니라.

▷ 履 : 신 리, 밟을 리. ▷ 堅 : 굳을 견. ▷ 至 : 이를지. ▷ 弑 : 윗사람 죽일 시. ▷ 旦 : 아침 단. 一旦一夕 = 一朝一夕. ▷ 유래(由來) = 내력(來歷) = 연유(緣由). ▷ 漸 : 점점 점, 차차 점. ▷ 矣 : ~이다.

22. 八反歌(팔반가)

효도에 대한 반성과 가르침에 대한 여덟 가지 노래들

1.

유아혹리아 아심 각환희 부모진노아
幼兒或詈我하면 我心에 覺歡喜환하고 父母嗔怒我하

아심 반불감 일희환일불감 대아대부
면 我心에 反不甘이라 一喜歡一不甘하니 待兒待父

심하현 권군금일봉친노 야응장친작아간
心何懸고 勸君今日逢親怒어든 也應將親作兒看하라

幼兒或詈我하면	어린 아이가 혹 나를 꾸짖으면
我心에 覺歡喜하고	나는 마음에 기쁨을 깨닫고,
父母嗔怒我하면	아버지와 어머니가 나를 꾸짖고 성을 내면
我心에 反不甘이라	나의 마음에 도리어 좋게 여겨지지 않으리라.
一喜歡一不甘하니	하나는 기쁘고 하나는 좋지 아니하니
待兒待父心何懸고	애와 아비를 대하는 마음이 어찌 그다지도 현격한가?
勸君今日逢親怒어든	그대에게 권고하노니, 지금 어버이에게 꾸지람을 듣거든

也應將親作兒看하라	반드시 자기 어린 자식에게 꾸지람을 들을 때와 같이 하라.

▷ 或 : 혹시 혹. ▷ 詈 : 꾸짖을 리. ▷ 覺 : 깨달을 각. ▷ 懽 : 기뻐할 환 = 歡. ▷ 喜 : 기쁠 희. ▷ 嗔 : 성낼 진. ▷ 怒 : 성낼 노. ▷ 反 : 되돌릴 반. 여기서는 '도리어'(부사)의 뜻. ▷ 甘 : 달 감. '~을 달게 여기다'. ▷ 待 : 대할 대. ▷ 何 : 어찌 하. ▷ 懸 : 멀 현, 현격할 현. 현격(懸隔) : 거리가 멀거나 차이가 큼. 何懸(하현) : 어찌 그다지도 현격(懸隔)한가? ▷ 勸 : 권할 권. ▷ 君 : 자네 군, 그대 군. ▷ 逢 : 만날 봉. ▷ 어조사 야 也 = 亦 '또한'의 뜻. ▷ 應 : 응할 응. ▷ 將 : 써 장, 장할 장, 가질 장, 가지고 장 = 以. *장계취계(將計就計), 將親(장친) : 어버이를 받들음. ▷ 看 : 볼 간. 作兒看 : 아이를 보듯 하다.

2.

兒曹는 出千言하되 君聽常不厭하고 父母는 一開口하면 便道多閑管이라 非閑管親掛牽이라 皓首白頭에 多諳練이라 勸君敬奉老人言하고 莫教乳口爭長短하라

兒曹는 出千言하되	어린 자식들은 여러 가지 말을 하되
君聽常不厭하고	그대가 듣기에 늘 싫어하지 않고,
父母는 一開口하면	어버이는 한 번 말을 하여도
便道多閑管이라	잔소리가 많다고 하느니라.
非閑管親掛牽이라	부질없이 살핌이 아니라 어버이는 근심이 되어 그리 하느니라.

皓首白頭에	흰머리가 되도록 긴 세월에
多諳練이라	아는 것이 많으니라.
勸君敬奉老人言하고	그대에게는 늙은 사람의 말을 공경하여 받들고
莫教乳口爭長短하라	젖 냄새나는 입으로 길고 짧음을 다투지 말 것을 권하노라.

▷ 兒曹(아이 아. 무리 조) : 아이들. ▷ 不厭(불염) : 싫어하지 않음. ▷ 道(말할 도. 길 도) : 여기서는 "말하다"의 뜻. ▷ 閑管(한관) : 부질없이 남의 일에 간섭하는 것. ▷ 掛牽(걸다. 마음이 쓰이다, 걸 괘. 끌 견) : 걱정이 됨. 마음이 쓰임. ▷ 諳練(암련) : 아주 익숙하게 알고 있음. ▷ 教(가르칠 교) : ~로 하여금 ~하게 하다. ▷ 曹는 무리 조. ▷ 聽은 들을 청. 厭은 싫을 염. ▷ 便은 곧 변. 문득 변. ▷ 閑은 막을 한. 한가할 한. ▷ 管은 대롱 관. ▷ 掛는 걸 괘. 牽은 끌 견. ▷ 皓는 흴 호. ▷ 練은 익힐 련. ▷ 암(諳)은 외울 암. 기억할 암. ▷ 勸은 권할 권. ▷ 爭은 다툴 쟁. ▷ 短은 짧을 단. ▷ 曹 : 무리 조, 떼 조, 다른 말에 붙어 복수형으로 만듦. 汝曹 : 너희들. ▷ 常 : 항상 상. ▷ 閑 : 가로막을 한. ▷ 管 : 주관할 관, 관리할 관. ▷ 閑管 : 쓸데없는 간섭. ▷ 親 : 어버이 친. ▷ 掛 : 걸 괘. 마음에 걸리다. ▷ 牽 : 끌 견, 거리낄 견. 掛牽 : 마음에 걸리고 거리껴짐. ▷ 莫 : ~하지 말라(금지). ▷ 教 = 令, 使, 命 : ~로 하여금 ~하게 하다(使動形보조사). ▷ 乳 : 젖 유. ▷ 爭 : 다툴 쟁.

3.

유아뇨분예 군심 무염기 노친체타령
幼兒尿糞穢는 君心에 無厭忌로되 老親涕唾零에

반유증혐의 육척구래하처 부정모혈성여체
反有憎嫌意니라 六尺軀來何處요 父精母血成汝體라

권군경대노래인 장시위이근골폐
勸君敬待老來人하라 壯時爲爾筋骨敝니라

幼兒尿糞穢는	어린 아이의 오줌과 똥 같은 더러운 것은
君心에 無厭忌로되	그대 마음에 싫어함이 없고,
老親涕唾零에	늙은 어버이의 눈물과 침이 떨어지는 것은
反有憎嫌意니라	도리어 미워하고 싫어하는 뜻이 있느니라.
六尺軀來何處요	여섯 자나 되는 몸이 어디서 왔는고.
父精母血成汝體라	아버지의 정기와 어머니의 피로 그대의 몸이 이루어졌느니라.
勸君敬待老來人하라	그대에게 권하노니, 늙어 가는 사람을 공경하여 대접하라.
壯時爲爾筋骨敝니라	젊었을 때 그대를 위하여 살과 뼈가 닳도록 애를 쓰셨느니라.

▷ 尿糞(똥 시. 똥 분) : 오줌과 똥. 똥오줌. ▷ 厭忌(염기) : 싫어하고 꺼려함. ▷ 涕唾零(눈물 체. 침 타. 보슬비 령) : 눈물과 침이 뚝뚝 떨어짐. ▷ 憎嫌意(증혐의) : 미워하고 싫어하는 마음. ▷ 老來人(노래인) : 늙어가는 사람. ▷ 壯時(씩씩할 장. 때 시) : 젊었을 때. 젊은 시절. ▷ 筋骨敝(근골. 헤질 폐) : 살과 뼈가 닳음. 살과 뼈가 피로해 야윔. ▷ 尿 : 오줌 뇨. ▷ 糞 : 똥 분. ▷ 穢 : 더러울 예. ▷ 忌 : 꺼릴 기, 싫어할 기. ▷ 涕 : 눈물 체. ▷ 唾 : 침 타. ▷ 零 : 떨어질 령. ▷ 反 : 도리어. ▷ 憎 : 미워할 증. ▷ 嫌 : 싫어할 혐. ▷ 軀 : 몸 구. ▷ 何處 : 어디에서, 어느 곳에서. ▷ 精 : 정기 정. ▷ 汝 : 너 여. ▷ 老來人 : 늙어 가는 사람. ▷ 壯 : 씩씩할 장, 성할 장. ▷ 爲 : 위할 위. ▷ 爾 : 너 이. ▷ 筋 : 힘줄 근. ▷ 敝 : 해질 폐, 부서질 폐.

4.

간 군 신 입 시 매 병 우 매 고 소 문 공 부 모 다
看君晨入市하여 買餠又買餻하니 少聞供父母하고 多
설 공 아 조 친 미 담 아 선 포 자 심 불 비 친 심 호
說供兒曹라 親未啖兒先飽하니 子心이 不比親心好라
권 군 다 출 매 병 전 공 양 백 두 광 음 소
勸君多出買餠錢하여 供養白頭光陰少하라

看君晨入市하여	그대가 새벽에 가게에 들어가서
買餠又買餻하니	떡을 사는 것을 보는데
少聞供父母하고	부모에게 드린다는 것은 별로 듣지 못하고
多說供兒曹라	흔히 자식들에게 준다는 말을 들었다.
親未啖兒先飽하니	어버이는 아직 씹지도 안했는데 자식은 먼저 배부르니
子心이 不比親心好라	자식 마음은 부모 마음이 좋아하는 것에 비하지 못하리라.
勸君多出買餠錢하여	그대에게 권하노니, 떡을 살 돈을 많이 내서
供養白頭光陰少하라	늙은 어버이가 살날이 얼마 남지 아니 하였으니 잘 받들어 봉양하라.

▷ 餻(떡 고) : 흰 떡. ▷ 少聞(소문) : 별로 듣지 못함. ▷ 親未啖(친미. 먹을 담) : 어버이는 아직 삼키지도 않음. ▷ 不比(불비) : 비교하지 못함. ▷ 光陰(광음) : 세월. 시간. ▷ 看은 볼 간. ▷ 晨은 새벽 신. ▷ 餠은 떡 병. ▷ 供은 이바지할 공. 바칠 공. 흰떡을 사는 것은 보았으되, 부모에게 드린다는 말은 듣지 않고 아이들에게 준다고 하는 말. ▷ 啖은 먹을 담. ▷ 曹는 마을 조. ▷ 飽는 배부를 포. ▷ 신(晨)은 새벽. ▷ 광음소(光陰少) : 시간이 얼마 없는 것. ▷ 買 : 살 매. ▷ 又 : 또 우. ▷ 兒曹 : 아이들. ▷ 比 : 견줄 비, 비할 비. ▷ 錢 : 돈 전. ▷ 供養 : 어른에게 음식을 드림. ▷ 光陰 : 시간, 세월 = 백구(白駒).

5.

시간매약사 유유비아환 미유장친자
市間賣藥肆에 惟有肥兒丸하고 未有壯親者하니

하고양반간 아역병친역병 의아불비의친증
何故兩般看고 兒亦病親亦病에 醫兒不比醫親症이라

할고 환시친적육 권군극보쌍친명
割股이라도 還是親的肉이니 勸君亟保雙親命하라

市間賣藥肆에	시장에 있는 약 파는 가게에
惟有肥兒丸하고	오직 아이를 살찌게 하는 약은 있고,
未有壯親者하니	어버이를 튼튼하게 하는 약은 없으니
何故兩般看고	무슨 까닭으로 이 두 가지를 보는 고,
兒亦病親亦病에	아이도 병들고 어버이도 병들었을 때
醫兒不比醫親症이라	아이의 병을 고치는 것이 어버이의 병을 고치는 것에 비하지 못할 것이니라.
割股라도	다리를 베더라도
還是親的肉이니	두루 어버이의 살이니
勸君亟保雙親命하라	그대에게 권하노니 빨리 두 어버이의 목숨을 극진히 안전하게 보호하라.

▷ 賣 : 팔 매. ▷ 肆 : 저자 사, 가게 사. ▷ 唯 : 오직 유. ▷ 肥 : 살찔 비. ▷ 丸 : 알 환, 약 환. ▷ 未 : 아직 ~하지 아니하다. ▷ 壯 : 씩씩할 장, 성할 장. ▷ '壯親者'의 者 = 藥. ▷ 何 : 어찌, 무슨. ▷ 故 : 까닭 고. ▷ 般 : 가지 반. 兩般 : 두 가지. ▷ 醫 : 치료할 의. ▷ 症 : 병 증세 증. ▷ 割 : 벨 할. ▷ 股 : 넓적다리 고. ▷ 還 : '도리어'(부사). 還是~ : '도리어 ~이다'. ▷ 的 = 之 '~의'(관형격조사). ▷ 亟 : 빠를 극, 삼가할 극. ▷ 保 : 보전할 보, 지킬 보. ▷ 命 : 목숨 명.

6.

부귀 양친이 친상유미안 빈천 양아난
富貴엔 養親易로되 親常有未安하고 貧賤엔 養兒難
아불수기한 일조심양조로 위아종불여위
하되 兒不受饑寒이라 一條心兩條路에 爲兒終不如爲
부 권군양친 여양아 범사 막추가불부
父라 勸君兩親은 如養兒하고 凡事를 莫推家不富하
라

富貴엔	부하고 귀하면
養親易로되	어버이를 봉양하기 쉬우나
親常有未安하고	항상 어버이는 미안한 마음이 있고,
貧賤엔	가난하고 천하면
養兒難하되	아이를 기르기 어려우나
兒不受饑寒이라	아이는 배고프고 추운 것을 받지 않는다.
一條心兩條路에	한 가지 마음과 두 가지 길에 아들을 위함이
爲兒終不如爲父라	마침내 어버이를 위함만 같지 못하느니라.
勸君兩親은	권하노니 그대는 두 어버이 섬기기를
如養兒하고	아이를 기르는 것과 같이 하고
凡事를 莫推家不富하라	모든 일이 집이 넉넉하지 못하다고 미루지 말 것이니라.

▷ 易(쉬울 이) ↔ 難(어려울 난). ▷ 未 : 아닐 미. ▷ 受 : 받을 수. ▷ 饑 : 주릴 기 = 飢. ▷ 條 : 가지 조. ▷ 兩 = 二. ▷ 路 : 길 로. ▷ 爲 : 위할 위. ▷ 終 : 마침내, 결국, 끝내. ▷ 不如 = 不若 : ~만 같지 못하다, ~만 못하다. ▷ 凡 : 무릇 범, 모두 범, 다 범. ▷ 莫 : ~하지 말라(금지). ▷ 推 : 밀 추.

7.

養親(양친)엔 只有二人(지유이인)이로되 常與兄弟爭(상여형제쟁)하고 養兒(양아)엔 雖(수)十人(십인)이나 君皆獨自任(군개독자임)이라 兒飽煖親常問(아포난친상문)하되 父母饑(부모기)寒不在心(한부재심)이라 勸君兩親(권군양친)을 須竭力(수갈력)하라 當初衣食(당초의식)이 被君侵(피군침)이니라

養親엔	어버이를 받들고 섬기기에는
只有二人이로되	다만 두 사람인데
常與兄弟爭하고	늘 형과 동생이 서로 다투고,
養兒엔	아이를 기름에는
雖十人이나	비록 열 사람이나 된다 하더라도
君皆獨自任이라	모두 자기 혼자 맡느니라.
兒飽煖親常問하되	아이가 배부르고 따뜻한 것은 어버이가 늘 물으나,
父母饑寒不在心이라	어버이의 배고프고 추운 것은 마음에 두지 않느니라.
勸君兩親을	그대에게 권하노니, 어버이를 받들고 섬기기를
須竭力하라	모름지기 힘을 다하라.
當初衣食이 被君侵이니라	당초에 입는 것과 먹는 것을 그대에게 빼앗겼느니라.

▷ 只 : 다만 지. ▷ 常 : 항상 상. ▷ 與 : 더불어 여. ~와(과). ▷ 雖 : 비록 수. ▷ 君 : 그대, 자네. ▷ 皆 : 다 개. ▷ 任 : 맡을 임. ▷ 飽 : 배부를 포. ▷ 煖 : 따뜻할 난. ▷ 須 : 모름지기 수, 마땅히 수. ▷ 竭 : 다할 갈. ▷ 被 : ~을 당하다(피동). ▷ 侵 : 침노할 침, 범할 침.

8.

친유십분자 군불념기은 아유일분효 군
親有十分慈하되 君不念其恩하고 兒有一分孝하되 君

취양기명 대친암대아명 수식고당양자심
就揚其名이라 待親暗待兒明하니 誰識高堂養子心고

권군만신아조효 아조친자재군신
勸君漫信兒曹孝하라 兒曹親子在君身이니라

親有十分慈하되	어버이는 지극히 그대를 사랑하나
君不念其恩하고	그대는 그 은혜를 생각하지 아니하고,
兒有一分孝하되	자식이 조금이라도 효도함이 있으면
君就揚其名이라	그대는 곧 그 이름을 빛내려 한다.
待親暗待兒明하니	부모를 대접하는 것은 어둡고, 자식을 대하는 것은 밝으니
誰識高堂養子心고	누가 어버이의 자식 이르는 마음을 알 것인고,
勸君漫信兒曹孝하라	그대에게 권하노니 부질없이 아이들의 효도를 믿지 말라.
兒曹親子在君身이니라	그대는 아이들의 어버이도 또 부모의 자식도 되는 것을 알아야 할지니라.

▷ 親 : 어버이 친. ▷ 慈 : 사랑할 자. ▷ 其 : 그 기. ▷ 就 : 곧 취. ▷ 揚 : 오를 양, 날릴 양. ▷ 待 : 대할 대, 대접할 대. ▷ 暗 : 어두울 암. ▷ 子 : 자식 자. ▷ 誰 : 누구 수. ▷ 識 : 알 식. ▷ 高堂 : 남의 부모를 높여 부르는 말. ▷ 漫 : 부질없을 만. ▷ 兒曹 : 아이들. 兒曹親 : 아이들의 어버이.

22. 孝行續篇(효행속편)

효자와 효녀들의 효행실화들(효행담)

1.

孫順이 家貧하여 與其妻로 傭作人家以養母할새 有兒每奪母食이라 順이 謂妻曰兒奪母食하는데 兒는 可得이어니와 母難再求라 하고 乃負兒往歸醉山北郊하여 欲埋掘地러니 忽有甚奇石鍾이어늘 警怪試撞之하니 舂容可愛라 妻曰得此奇物은 殆兒之福이라 埋之不可라 하니 順이 以爲然하여 將兒與鍾還家하여 懸於樑撞之러니 王이 聞鍾聲할새 清遠異常而覈聞其實하고 曰昔에 郭巨埋子엔 天賜金釜러니 今孫順이 埋兒엔 地出石鍾하니 前後符同이라 하고 賜家一區하고 歲給米五十石하니라

孫順이 家貧하여	손순이 집이 가난하여
與其妻로	그의 아내와 더불어
傭作人家以養母할새	남의 집에 머슴살이를 하여 그 어머니를 봉양하는데
有兒每奪母食이라	아이가 있어 언제나 모친의 잡수시는 것을 뺐는지라.
順이 謂妻曰兒奪母食하는데	순이 아내에게 일러 말하기를, “아이가 어머니의 잡숫는 것을 빼앗으니
兒는 可得이어니와	아이는 또 얻을 수 있거니와
母難再求라하고	어머니는 다시 구하기 어려우니라.” 하고
乃負兒往歸醉山北郊하여	마침내 아이를 업고 취산 북쪽 기슭으로 가서
欲埋掘地러니	묻으려고 땅을 팠더니
忽有甚奇石鍾이어늘	문득 심히 이상한 석종이 있거늘
警怪試撞之하니	놀랍고 이상하게 여기어 시험 삼아 두드려 보니
春容可愛라	울리는 소리가 아름답고 사랑스러운지라
妻曰得此奇物은	아내가 말하기를, “이 기이한 물건을 얻은 것은
殆兒之福이라	아이의 복이니
埋之不可라하니	땅에 묻는 것은 옳지 못하니라.”
順이 以爲然하여	순도 그렇게 생각해서
將兒與鍾還家하여	아이를 데리고 종을 가지고 집으로 돌아와서
懸於樑撞之러니	대들보에 달고 이것을 울렸더니
王이 聞鍾聲할새	임금이 그 종소리를 듣고

淸遠異常而覈聞其實하고	맑고 늠름함을 이상하게 여기시어 그 사실을 자세히 물어서 알고 말하기를,
曰昔에 郭巨埋子엔	"옛적에 곽거가 아들을 묻을 때엔
天賜金釜러니	하늘이 금으로 만든 솥을 주시었더니
今孫順이	이제 손순이 아들을 묻음에는
地出石鍾하니	땅에서 석종이 나왔으니
前後符同이라하고	앞과 뒤가 서로 꼭 맞는다." 말씀하시고,
賜家一區하고	집 한 채를 주시고
歲給米五十石하니라	해마다 쌀 50석을 주셨느니라.

* 손순 : 신라 흥덕왕 때의 효자. 흥덕왕이 집 한 채를 내주자 전에 살던 집을 홍효사(弘孝寺)라는 이름의 절로 만들고 석종을 안치했다. 진성왕 때에 후백제의 도둑떼가 그 마을에 쳐들어와, 종은 없어지고 절만 남았다고 한다. 『삼국유사』

▷ 與 : ~와(과). ▷ 傭 : 품팔이 용. 傭作 : 품팔이를 함. ▷ 人家 : 남의 집. ▷ 以 : ~함으로써. ▷ 每 : 매양 매. 매번, 늘, 언제나. ▷ 奪 : 빼앗을 탈. ▷ 謂 : 이를 위. ▷ 乃 : 이에 내. ▷ 負 : 질 부. ▷ 郊 : 들 교. ▷ 欲 : 하고자 할 욕, 바랄 욕. ▷ 埋 : 묻을 매. ▷ 堀 : 팔 굴. ▷ 忽 : 갑자기 홀. ▷ 甚 : 심할 심. ▷ 奇 : 기이할 기. ▷ 鐘 : 쇠북 종. ▷ 驚 : 놀랄 경. ▷ 怪 : 괴이할 괴. ▷ 試 : 시험할 시. ▷ 撞 : 칠 당. ▷ 舂 : 찧을 용, 칠용. 舂容(용용) : 종이 울리는 소리. ▷ 殆 : 위태로울 태. ▷ 以爲 : ~로 생각하다(여기다). ▷ 然 : 그럴 연. 以爲然 : 그렇다고 생각하다(여기다). ▷ 將 : 써 장, 가지고 장. 將+兒與鐘 : 아이와 종을 가지고. ▷ 懸 : 매달 현. ▷ 於 : ~에. ▷ 樑 : 대들보 량 = 梁. ▷ 淸 : 맑을 청. ▷ 覈 : 실상을 조사할 핵. ▷ 昔(옛 석) ↔ 今(이제 금). ▷ 賜 : 줄 사, 하사할 사. ▷ 釜 : 가마솥 부. ▷ 符 : 들어맞을 부. ▷ 區 : 구역 구, 거처 구. ▷ 歲 : 해 세. ▷ 給 : 공급할 급, 줄 급.

2.

상덕 치년황려역 부모기병빈사 상덕 일
尙德은 値年荒癘疫하여 父母飢病瀕死라 尙德이 日

야불해의 진성안위 무이위양즉규비육식지
夜不解衣하고 盡誠安慰하되 無以爲養則刲髀肉食之

모발옹 전지즉유 왕 가지 사뢰심후
하고 母發癰에 吮之卽癒라 王이 嘉之하여 賜賚甚厚

명정기문 입석기사
하고 命旌其門하고 立石紀事하니라

尙德은	상덕은
値年荒癘疫하여	흉년과 열병이 유행하는 때를 만나서
父母飢病瀕死라	아버지와 어머니가 굶주리어 죽게 된지라.
尙德이 日夜不解衣하고	상덕이 낮이나 밤이나 옷을 풀지 않고
盡誠安慰하되	정성을 다하여 안심을 하도록 위로하였으되
無以爲養則刲髀肉食之하고	봉양할 것이 없으므로 넓적다리 살을 베어 잡수시도록 하고
母發癰에	어머니가 종기가 남에
吮之卽癒라	빨아서 곧 낫게 하니라.
王이 嘉之하여	임금께서 이 말을 들으시고
賜賚甚厚하고	어여삐 여겨 물건을 후하게 내리시고,
命旌其門하고	그 집에 정문을 세울 것을 명하시어
立石紀事하니라	비석을 세워 이 일을 기록케 하니라.

* 상덕은 신라시대 때의 이름 높은 효자로, 이 이야기는 『삼국사기 열전』에 실려 있다.

▷ 值 : 만날 치. ▷ 荒 : 거칠 황, 흉년들 황. ▷ 癘 : 염병 려. ▷ 疫 : 염병 역, 전염병 역. ▷ 飢 : 주릴 기 = 饑. ▷ 瀕 : 끝 빈, 임박할 빈, 거의 빈. ▷ 解 : 풀 해, 벗길 해. ▷ 盡 : 다할 진. ▷ 誠 : 정성 성. ▷ 慰 : 위로할 위. ▷ 無以 : ~할 수 없다. ▷ 爲 : 할 위. ▷ 則(즉) : ~하면, ~하자 곧. ▷ 刲 : 찌를 규, 벨 규. ▷ 髀 : 넓적다리 비. ▷ 癰 : 종기 옹. ▷ 吮 : 빨 연, 핥을 연. ▷ 卽 : 곧 즉. ▷ 癒 : 병 나을 유. ▷ 嘉 : 아름다울 가, 기쁠 가. ▷ 賜 : 줄 사, 하사할 사. ▷ 賚 : 줄 뢰. ▷ 厚 : 두터울 후. ▷ 旌 : 표할 정. 旌門 : 충신·효자·열녀 등을 표창하기 위하여 그의 집 앞이나 마을 앞에 세운 붉은 문 = 홍문(紅門). ▷ 紀 : 벼리 기, 적을 기, 기록할 기.

3.

도씨가빈지효 매탄매육 무궐모찬 일일
都氏家貧至孝라 賣炭買肉하여 無闕母饌이러라 一日

어시 만이망귀 연홀확육 도 비호
은 於市에 晩而忙歸러니 鳶忽攫肉이어늘 都가 悲號

지가 연기투육어정 일일모병색비시지홍
至家하니 鳶旣投肉於庭이러라 一日母病索非時之紅

시 도방황시림 불각일혼 유호루차전
柹어늘 都彷徨柹林하여 不覺日昏이러니 有虎屢遮前

로 이시승의 도 승지백여리산촌 방인
路하고 以示乘意라 都가 乘至百餘里山村하여 訪人

가투숙 아이주인 궤제반이유홍시 도희문
家投宿이러니 俄而主人이 饋祭飯而有紅柹라 都喜問

시지래력 차술기의 답왈망부기시고 매추
柹之來歷하고 且述己意한대 答曰亡父嗜柹故로 每秋

택시이백개 장제굴중이지차오월즉완자불과칠팔
擇柹二百個하야 藏諸窟中而至此五月則完者不過七八

금득오십개완자고 심이지 시천감군효
이라가 今得五十個完者故로 心異之러니 是天感君孝

라하고 遺以二十顆(유이이십과)어늘 都謝出門外(도사출문외)하니 虎尙俟伏(호상사복)이라 乘至家(승지가)하니 曉鷄喔喔(효계악악)이러라 後(후)에 母以天命(모이천명)으로 終(종)에 都有血淚(도유혈루)러라

都氏家貧至孝라	도씨는 집이 가난하나 효성이 지극하였다.
賣炭買肉하여	숯을 팔아 고기를 사서
無闕母饌이러라	어머니의 반찬을 빠짐없이 하였느니라.
一日은 於市에	하루는 장에서
晚而忙歸러니	늦게 바삐 돌아오는데
鳶忽攫肉이어늘	소리개가 고기를 채 가거늘
都가 悲號至家하니	도씨가 슬피 울며 집에 돌아와 보니
鳶旣投肉於庭이러라.	소리개가 벌써 고기를 집안 뜰에 던져 놓았더라,
一日母病索非時之紅柿어늘	하루는 노모가 병이 나서 때 아닌 홍시를 찾거늘
都彷徨柿林하여	도씨가 감나무 숲에 가서 방황하여
不覺日昏이러니	날이 저문 것도 모르고 있으려니
有虎屢遮前路하고	호랑이가 앞길을 가로막으며
以示乘意라.	타라고 하는 뜻을 나타내는 지라
都가 乘至百餘里山村하여	도씨가 타고 백 여리나 되는 산동네에 이르러
訪人家投宿이러니	사람 사는 집을 찾아 잠을 자려고 하였더니
俄而主人이	얼마 안 되어서 주인이
饋祭飯而有紅柿라	제삿밥을 차려 주는데 홍시가 있는지라.
都-喜問柿之來歷하고	도씨가 기뻐하여 감의 내력을 묻고

且述己意한대	또 나의 뜻을 말하였더니
答曰亡父嗜柿故로	대답하여 말하기를, "돌아가신 아버지가 감을 즐기시므로
每秋擇柿二百個하야	해마다 가을에 감을 이백 개를 가려서
藏諸窟中而至此五月	모두 굴 안에 감추어 두나 오월에 이르면
則完者不過七八이라가	상하지 않은 것이 7,8개에 불과하였는데
今得五十個完者故로	지금 쉰 개의 상하지 아니한 것을 얻었으므로
心異之러니	마음속으로 이상스럽게 여겼더니
是天感君孝라 하고	이것은 하늘이 그대 효성에 감동한 것이라." 하고
遺以二十顆어늘	스무 개를 내어 주거늘
都謝出門外하니	도씨가 감사의 뜻을 말하고 문밖에 나오니
虎尙俟伏이라	호랑이는 아직도 누워서 기다리고 있는지라.
乘至家하니	호랑이를 타고 집에 돌아오니
曉鷄喔喔이러라	새벽닭이 울더라.
後에 母以天命으로 終에	뒤에 어머니가 천명으로 돌아가시매
都有血淚러라	도씨는 피눈물을 흘리더라.

* 도(都)씨 : 조선 철종 때의 이름난 효자.

▷ 至 : 지극할 지, 이를지. ▷ 賣(팔 매) ↔ 買(살 매). ▷ 炭 : 숯 탄. ▷ 闕 : 빠질 궐, 빠뜨릴 궐. ▷ 饌 : 반찬 찬. ▷ 於 : ~에, ~에서. ▷ 晩 : 저물 만, 늦을 만. ▷ 而 : ~하여, ~해서. ▷ 忙 : 바쁠 망. ▷ 鳶 : 솔개 연. ▷ 忽 : 갑자기 홀. ▷ 攫 : 움켜쥘 확. ▷ 號 : 부르짖을 호. ▷ 旣 : 이미 기. ▷ 投 : 던질 투. ▷ 庭 : 뜰 정, 마당 정. ▷ 索 : 찾을 색. ▷ 柿 : 감 시. ▷ 彷 : 거닐 방. ▷ 徨 : 거닐 황, 어정거릴 황. ▷ 覺 : 깨달을 각. ▷ 昏 : 어두울 혼. ▷ 屢 : 여러 루, 자주 루. ▷ 遮 : 막을 차. ▷ 乘 : 오를 승, 탈 승. ▷ 訪 : 찾을 방, 방문할 방. ▷ 俄 : 갑자기 아, 잠깐 아. 俄而 : 얼마 후, 잠시 후. ▷ 饋 : 먹일 궤, 음식 권할

궤. ▷ 祭 : 제사 제. ▷ 飯 : 밥 반. ▷ 且 : 또 차. ▷ 述 : 말할 술. ▷ 己 : 자기 기. ▷ 亡父 : 돌아가신 아버지. ▷ 嗜 : 즐길 기, 좋아할 기. ▷ 故 : 그러므로, 때문에. ▷ 擇 : 가릴 택. ▷ 藏 : 감출 장, 저장할 장. ▷ 諸(저) : 之於(지어〉져〉저)의 합음(合音)으로 된 어조사. '그것을 ~에(으로)' ▷ 窟 : 굴 굴. ▷ 則(즉) : ~하면 곧. ▷ 完 : 완전할 완. ▷ 異 : 다를 이, 기이할 이. ▷ 是 : 이 시. '이것' ▷ 君 : 자네 군, 그대 군. ▷ 遺 : 줄 유. ▷ 顆 : 낟알 과. ▷ 謝 : 사례할 사. ▷ 尙 : 오히려 상, 아직 상. ▷ 俟 : 기다릴 사. ▷ 曉 : 새벽 효. ▷ 喔 : 닭 우는 소리 악. ▷ 淚 : 눈물 루.

23. 廉義篇(염의편)

우리나라 사람의 청렴과 의리에 관한 이야기들

1.

印觀이 賣綿於市할새 有署調者以穀買之而還이러니 有鳶이 攫其綿하여 墮印觀家니라 印觀이 歸于署調曰, 鳶墮汝綿於吾家라 故로 還汝하노라 署調曰 鳶攫綿與汝는 天也라 吾何爲受오 印觀曰 然則還汝穀하리라 署調曰 吾與汝者가 市二日이니 穀已屬汝矣라고 二人이 相讓이다가 幷棄於市하니 掌市官이 以聞王하여 竝賜爵하니라

印觀이 賣綿於市할새	인관이 장에서 솜을 파는데
有署調者以穀買之而還이러니	서조라는 사람이 곡식으로 솜을 갖고 돌아가더니
有鳶이 攫其綿하여	소리개가 있어 그 솜을 채가지고

墮印觀家니라	인관의 집에 떨어뜨렸다.
印觀이 歸于署調曰	인관이 서조에게 돌려보내고 말하기를,
鳶墮汝綿於吾家라	"소리개가 너의 솜을 내 집에 떨어뜨렸음으로
故로 還汝하노라	너에게 돌려보낸다." 하니
署調曰	서조가 말하기를,
鳶攫綿與汝는 天也라	"소리개가 솜을 채다가 너를 준 것은 하늘이 한 것이다.
吾何爲受오	내가 어찌 받을 수 있겠는가?" 하니
印觀曰,	인관이 말하기를,
然則還汝穀하리라	"그렇다면 너의 곡식을 돌려보내리라."
署調曰	서조가 말하기를,
吾與汝者가 市二日이니	"내가 너에게 준지가 벌써 두 장이 되었으니
穀已屬汝矣라고	곡식은 이미 너에게 속한 것이니라." 해서
二人이 相讓이다가	두 사람이 서로 사양하다가
幷棄於市하니	솜과 곡식을 다 함께 장에 버렸다.
掌市官이	장을 맡아 다스리는 관원이
以聞王하여	이 사실을 임금께 아뢰어서
並賜爵하니라	다 같이 벼슬을 주었느니라.

* 인관과 서조 : 『삼국사절요』에 나오는 신라시대 사람들.

▷ 綿 : 솜 면. ▷ 於 : ~에, ~에서. ▷ 以 : ~로써. ▷ 穀 : 곡식 곡. ▷ '~買之而還'의 '之'는 대명사(그, 그것)로 '綿'을 가리킴. ▷ 還 : 돌아갈 환, 돌아올 환. ▷ 鳶 : 솔개 연. ▷ 攫 : 붙잡을 확, 움켜쥘 확. ▷ 墮 : 떨어질 타. ▷ 歸 : 돌려보낼 귀, 반환할 귀. ▷ 于 : ①~에서, ~에, ~까지(어조사로 '於'와 통용) ②할 우, 행할 우. ▷ 汝 : 너 여. ▷ 吾 : 나 오. ▷ 於吾家 : 내집에. 於市 : 시장에. ▷ 還 : 돌아올 환, 돌려보낼 환. ▷ 與 : 줄 여. ▷ 也 : ~이다. 天也 : '하늘이

다' 즉, 하늘의 뜻이다, 하늘이 한 일이다. ▷ 何爲 : 어떻게, 무엇 때문에. ▷ 然則(연즉) : 그러면, 그러하니. ▷ 者 : 것 자. ▷ 已 : 이미 이. ▷ 屬 : 붙을 속, 속할 속. ▷ 矣 : '~이다'(단정) →오로지 글의 끝에만 쓰임. ▷ 讓 : 사양할 양. ▷ 幷 : 함께 병. ▷ 棄 : 버릴 기. ▷ 掌 : 맡을 장. 掌市官 : 시장을 관리하는 벼슬. ▷ 以 : ~에서, ~로부터. ▷ 竝 : 나란히 병. ▷ 爵 : 벼슬 작.

2.

洪基燮이 少貧甚無料러니 一日早에 婢兒踊躍獻七兩錢曰 此在鼎中하니 米可數石이요 柴可數駄니 天賜天賜니다

公이 驚曰, 是何金고 卽書失金人推去等字하여 付之門楣而待러니 俄而 姓劉者來問書意어늘 公이 悉言之한대

劉가 曰 理無失金於人之鼎內하니 果天賜也라. 盍取之고 公이 曰 非吾物에 何오

劉가 俯伏曰 小的이 昨夜에 爲鼎來라가 還憐家勢蕭條而施之러니 今感公之廉价하고 良心自發하여 誓不更盜하고 願欲常侍하나니 勿慮取之하소서

公이 卽還金曰 汝之爲良則善矣나 金不可取라 하고, 終不受러라. 後에 公爲判書하고 其子在龍이 爲憲宗國舅하며 劉亦見信하여 身家大昌하니라

洪基燮이	홍기섭이
少貧甚無料러니	젊었을 때 심히 가난하여 말할 수 없더니
一日早에	하루는 아침에
婢兒踊躍獻七兩錢曰	어린 계집종이 기쁜 듯이 뛰어와서 돈 일곱 냥을 바치며 말하기를,
此在鼎中하니	"이것이 솥 속에 있었습니다.
米可數石이요	이만하면 쌀이 몇 섬이요,
柴可數駄니	나무가 몇 바리입니다.
天賜天賜니다.	참으로 하느님이 주신 것입니다."
公이 驚曰,	공이 놀래서 말하기를,
是何金고	"이것이 어찌된 돈인고?" 하고
卽書失金人推去等字하여	곧 돈 잃은 사람은 와서 찾아가라는 글을 써서
付之門楣而待러니	대문 위에 붙이고 기다렸더니
俄而	이윽고
姓劉者來問書意어늘	유씨 성을 가진 사람이 와서 글의 뜻을 묻거늘
公이 悉言之한대	공은 하나도 빠짐없이 사실을 말해 들려주었다.
劉가 曰	유가가 말하기를,
理無失金於人之鼎內하니	"남의 솥 속에다 돈을 잃을 리가 없습니다.
果天賜也라.	참으로 하늘이 주신 것인데
盍取之고	왜 취하지 않으시는 것입니까,"
公이 曰	공이 말하기를,
非吾物에 何오.	"나의 물건이 아닌데 어찌 가질 것이요."
劉가 俯伏曰	유가가 꿇어 엎드리며 말했다.
小的이 昨夜에 爲鼎來라가	"소인이 어제 밤에 솥을 훔치러 왔다가

還憐家勢蕭條而施之러니,	도리어 가세가 너무 쓸쓸한 것을 불쌍히 여겨 이것을 놓고 돌아갔더니
今感公之廉价하고	이제 공의 청렴하고 착함에 탄복하여
良心自發하여	좋은 마음이 스스로 나서
誓不更盜하고,	도둑질을 아니 할 것을 맹세하옵고,
願欲常侍하나니	바라건대 항상 모시기를 원하오니
勿慮取之하소서.	걱정 마시고 취하시기를 바랍니다."
公이 卽還金曰	공이 돈을 돌려주며 말하기를,
汝之爲良則善矣나	"네가 좋은 사람이 된 것은 참 좋으나
金不可取라하고,	이 돈은 취할 수 없느니라." 하고
終不受러라	끝끝내 받지 않았다.
後에 公爲判書하고	뒤에 공은 판서가 되고
其子在龍이	그의 아들 재룡이
爲憲宗國舅하며,	헌종의 부원군이 되었으며,
劉亦見信하여	유가도 또한 신임을 얻어서
身家大昌하니라	몸과 집안이 크게 번영을 하였느니라.

* 홍기섭(1781~1866) : 본관은 남양(南陽), 자는 수경(壽卿), 1818년 진사를 거쳐 1850년 황해도관찰사를 거치고, 1853년에 형조판서를 지낸 뒤, 1858년에 판의금부사, 상호군을 지냈다. 경기도 남양주시 와부읍 월문리에 묘소가 있다.

▷ 少 : 어릴 소. ▷ 甚 : 심할 심. ▷ 料 : 헤아릴 료. ▷ 婢 : 계집종 비. ▷ 踊 : 뛸 용, 躍 : 뛸 약. 踊躍(용약) : 기쁘거나 좋아서 뜀. ▷ 獻 : 바칠 헌. ▷ 此 : 이 차. ▷ 鼎 : 솥 정. ▷ 數 : 몇 수. ▷ 石 : 섬 석. *한 섬은 열 말. ▷ 柴 : 섶 시, 땔나무 시. ▷ 馱 : 짐 실을 태, 짐 태. ▷ 賜 : 줄 사. ▷ 是 : 이 시, 이것 시. ▷ 卽 : 곧, 바로, 즉시. ▷ 書 : 쓸 서. ▷ 推去(추거) : 찾아서 가져 감. ▷ 付 : 붙일 부. ▷ 楣 : 문미(門楣) 미, 처마 미. ▷ 而 : ~하고, ~하여. ▷ 待 : 기다릴

대. ▷ 俄 : 갑자기 아, 잠깐 아. 俄而 : 얼마 후, 잠시 후. ▷ 悉 : 모두 실, 다 실. ▷ 於 : ~에 '於人之鼎內' : 다른 사람의 솥 안에. ▷ 果 : 과연 과. ▷ 盍 : 어찌 아니할 합. ▷ 俯 : 구부릴 부. 俯伏 : 고개를 숙이고 엎드림. ▷ 小的 = 小人. ▷ 昨 : 어제 작. ▷ 竊 : 훔칠 절, 도둑 절. ▷ '爲竊鼎來'의 '爲'는 할 위, '公爲判書'의 '爲'는 될 위. ▷ 還 : 도리어, 오히려(부사). '公卽還金曰'의 '還'은 돌려보낼 환. ▷ 憐 : 불쌍히 여길 련. ▷ 蕭 : 쓸쓸할 소. 蕭條(소조) : 호젓하고 쓸쓸함. ▷ 施 : 베풀 시, 줄 시. '施之'의 '之'는 그, 그것(대명사)의 뜻으로 돈을 말함. ▷ 廉 : 청렴할 렴. ▷ 价 : 착할 개. ▷ 誓 : 맹세할 서. ▷ 更 : 다시 갱. ▷ 常 : 항상 상. ▷ 侍 : 모실 시. ▷ 勿 : 말 물(금지). ▷ 慮 : 걱정할 려, 근심할 려, 생각할 려. ▷ 則(즉) : ~하면. ▷ 判書(판서) : 현재의 장관격. ▷ 헌종 : 조선 제24대왕. ▷ 舅 : 시아비 구, 장인 구. ▷ 見 : 피동형으로 만들어 '~하게 되다, ~에게 ~당하다(받다)'의 뜻. 見信 : 신임을 받다. ▷ 昌 : 창성할 창.

24. 勸學篇(권학편)

배움에는 남녀노소가 없는 법, 힘써 배우자.

1.

주 자 왈 　물 위 금 일 불 학 이 유 래 일 　물 위 금 년 불 학 이
朱子曰 　勿謂今日不學而有來日하며 　勿謂今年不學而
유 래 년 　일 월 서 의 　세 불 아 연 　오 호 노 의
有來年하라 　日月逝矣라 　歲不我延이니 　嗚呼老矣라
시 수 지 건
是誰之愆고

(2번까지 이어짐)

朱子曰	"주자가 말하기를,
勿謂今日不學而有來日하며	오늘 배우지 아니 하고서 내일이 있다고 말하지 말며,
勿謂今年不學而有來年하라	올해에 배우지 않고서 내년이 있다고 말하지 말라.
日月逝矣라	날과 달은 흐르니
歲不我延이니	세월은 나를 위해서 더디 가지 않는다.
嗚呼老矣라	아! 늙었도다.
是誰之愆고	이 누구의 허물인고."

▷ 勿 : 말 물(금지). ▷ 謂 : 이를 위. 勿謂 : ~라고 이르지(말하지) 말라. ▷ 而 : ~하고(하여). ▷ 逝 : 갈 서, 떠날 서, 죽을 서. ▷ '日月逝矣'의 '矣'는 ~이다(단정). '嗚呼老矣'의 '矣'는 ~구나(강조). ▷ 延 : 끌 연, 늘일 연. ▷ 嗚 : 탄식할 오. ▷ 呼 : 부를 호. *嗚呼 : '아, ~구나!'(감탄사) ▷ 是 : 이 시. ▷ 誰 : 누구 수. ▷ 愆 : 허물 건, 죄 건.

2.

少年은 易老하고 學難成하나니 一寸光陰이라도 不可輕하라 未覺池塘에 春草夢인데 階前梧葉은 已秋聲이라

少年은 易老하고	소년은 늙기 쉽고,
學難成하나니	학문은 이루기 어려우니
一寸光陰이라도	짧은 시간이라도
不可輕하라	가히 가벼이 여기지 말라.
未覺池塘에	아직 못가의
春草夢인데	봄풀은 꿈에서 깨어나지 못했는데
階前梧葉은	섬돌 앞의 오동나무는
已秋聲이라	벌써 가을 소리를 내느니라.

▷ 易(쉬울 이) ↔ 難(어려울 난). ▷ 一寸光陰 = 寸刻(촌각) : 매우 짧은 시간. ▷ 輕 : 가벼울 경. ▷ 覺 : ①깨달을 각, 알 각. ②꿈 깰 교. ▷ 池 : 못 지, 塘 : 못 당. 池塘(지당) = 못(작은 못을 연못이라 한다). ▷ 階 : 섬돌 계, 층계 계. 섬돌 : 돌계단, 돌층계. ▷ 梧 : 오동나무 오. ▷ 已 : 이미 이.

3.

陶淵明詩에 云하되 盛年은 不重來하고 一日은 難再晨이니 及時當勉勵하라 歲月은 不待人이니라

陶淵明詩에 云하되	도연명의 시에 이르기를,
盛年은	“젊은 때는
不重來하고	두 번 거듭 오지 아니하고
一日은 難再晨이니	하루는 다시 새벽이 없나니
及時當勉勵하라	젊었을 때에 마땅히 학문에 힘쓰라.
歲月은 不待人이니라	세월은 사람을 기다리지 않느니라.”

* 도연명 : 자(字)는 연명(淵明), 또는 원량(元亮). 이름은 잠(潛)이고, 시호는 정절선생(靖節先生)이다. 동진(東晋)·송대(宋代)의 뛰어난 시인으로 『도화원기』, 『귀거래사(歸去來辭)』로 유명하다.

▷ 盛 : 성할 성. 盛年 : 혈기 왕성한 한창때의 나이. ▷ 重 : 거듭 중. ▷ 晨 : 새벽 신. ▷ 及 : 이를 급. 及時 : 때에 이르러(공부하기 좋은 젊은 때에). ▷ 當 : 마땅할 당. ▷ 勉 : 힘쓸 면, 勵 : 힘쓸 려. 勉勵 : (스스로) 힘써 함. ▷ 待 : 기다릴 대.

4.

荀子曰 不積蹞步면 無以至千里요 不積小流면 無以成江河니라

荀子曰	순자가 말하기를,
不積蹞步면	"반걸음을 쌓지 않으면
無以至千里요	천리에 이르지 못할 것이요,
不積小流면	적게 흐르는 물이 모이지 않으면
無以成江河니라	강하를 이룩하지 못할 것이니라."

▷ 積 : 쌓을 적. ▷ 蹞 : 반 걸음 규. ▷ 無以 : ~을 가지고(以) ~할 수가 없다(無). ▷ 중국에서는 양자강을 강(江), 황하를 하(河)라고 약칭하며, 양자강과 황하를 합쳐서 江河라고 한다.

부 록 : 〈기초한자 600자〉

〈부수의 정의〉

부수(部首)란 자전(字典)이나 옥편(玉篇)에서 한자를 찾는 데 필요한 기본글자를 말한다. 즉, 옥편이나 자전에서 한자를 찾는데 필요한 길잡이 글자로써, 소리글자인 한글의 자모음(子母音)이나 영어의 알파벳에 해당된다. 뜻글자인 한자의 경우에는 같은 부수에 속한 글자는 기본적으로 유사한 포괄적인 의미를 담고 있다. 부수(部首)란 한자의 외형적한 부분(部)이면서 전체의 의미를 상징(首)한다. 결국 부수는 한자의 핵심(核心) 의미이자 한자 분류(分類)의 기본원칙이다. 특히 육서(六書) 원리의 '형성자(形聲字)'에서 뜻(의미) 부분이 바로 그 글자의 부수다. 곧 한자의 80% 이상인 형성자의 효과적 이해는 부수의 이해에서 시작될 수 있다.

〈부수의 분류와 배열〉

부수는 현재 1획부터 17획까지 총214개로 이루어져 있다. 부수의 구조(構造)는 전체 214자 가운데 자원(字源)에 따라 보면 형상을 본뜬 '상형자(象形字)'가 149자, 추상적 상징의 약속인 '지사자(指事字)'가 17자, 의미끼리의 결합인 '회의자(會意字)'가 21자, 의미와 발음의 결합인 '형성자(形聲字)'가 27자다.

〈부수의 위치에 따른 명칭〉

부수(部首)는 글자의 놓이는 위치에 따라 변, 방, 엄, 머리, 몸, 받침, 발, 제부수 이렇게 8가지로 나뉜다.

① 변(邊) : 부수가 글자의 왼쪽에 있는 경우
　㉠ 사람 인 → 休(휴), 信(신), 仙(선), 伏(복)
　㉡ 물 수 → 江(강), 河(하), 淸(청), 海(해). 예외 : 酒(술 주)
　　→ 酉, 鴻(큰기러기 홍) → 鳥, 鳴(울 명) → 鳥

② 방(傍) : 부수가 글자의 오른쪽에 있는 경우
　㉠ 둥글 월 문 → 政(정), 改(개), 放(방),
　㉡ 칼 도 → 別(별), 判(판), 刊(간), 利(리)
　㉢ 邑 → 郡(고을 군)
　㉣ 見 → 視(보일 시)

③ 머리 : 부수가 글자 위에 있는 경우
　㉠ 집 면 → 宙(주), 宇(우), 安(안), 家(가)
　㉡ 풀 초=초두머리 → 花(화), 草(초), 英(영), 苦(고)

④ 발 : 부수가 글자 아래에 있는 경우
　㉠ 皿(그릇 명) → 益(익), 盛(성), 盡(진), 監(감)
　㉡ 心(마음 심) → 應(응), 惡(악), 恩(은), 思(사).
　　예외 : 窓(창문 창) → 穴

⑤ 받침 : 부수가 왼쪽과 아래에 걸쳐 있는 경우
　㉠ 쉬엄쉬엄 갈 착 → 道(도), 近(근), 迎(영), 送(송)
　㉡ 走(달아날 주) → 起(기), 趙(조)

⑥ 엄 : 부수가 위쪽과 왼쪽에 걸쳐 있는 경우

㉠ 广(집 엄) → 店(점), 度(도), 庭(정), 府(부), 康(강)

㉡ 尸(주검 시) → 居(거), 尾(미), 屋(옥), 尺(척), 尼(니)

⑦ 몸 : 부수가 글자를 둘러싸고 있는 경우

㉠ 口(에운 담) → 困(곤), 國(국), 因(인)

㉡ 門(문 문) → 間(간), 開(개). 예외 : 問(물을 문) → 口, 聞(들을 문) → 耳. 誾(향기 은) → 言

㉢ 匸(감출 혜) → 匹(필), 區(구)

㉣ 行(다닐 행) → 街(가), 術(술)

㉤ 凵(위 터진 입구 부) → 出(출)

⑧ 제부수 : 부수 자체가 글자인 경우

一(일), 日(일), 月(월), 山(산), 木(목), 目(목), 石(석), 雨(우), 水(수) 火(화), 谷(곡), 土(토), 二(이), 心(심), 身(신), 耳(이), 手(수), 足(족) 子(자), 金(금), 龍(용), 食(식), 黑(흑), 靑(청), 行(행), 豆(두), 面(면) 高(고), 風(풍), 馬(마), 骨(골), 辰(진), 飛(비), 長(장), 自(자), 老(로) 臣(신), 比(비), 見(견), 色(색), 赤(적), 至(지), 香(향), 非(비), 米(미) 瓦(와), 鳥(조), 鼓(고), 衣(의).

〈한자의 필순〉

1. 왼쪽에서 오른쪽으로 쓴다.

예) 川, 外, 側

2. 위에서 아래로 쓴다.

예) 三, 言, 高

3. 가로획과 세로획이 교차될 때에는 가로획을 먼저 쓴다.
   예) 十, 古, 支

4. 삐침을 먼저 쓰고 파임을 나중에 쓴다.
   예) 人, 公, 父

5. 좌우 모양이 같을 때는 가운데를 먼저 쓴다.
   예) 小, 水, 永

6. 몸과 안으로 된 글자는 몸을 먼저 쓴다.
   예) 用, 同, 問

7. 상하로 꿰뚫는 세로획은 맨 나중에 쓴다.
   예) 中, 事, 車

8. 좌우로 꿰뚫는 가로획은 맨 나중에 쓴다.
   예) 女, 母

9. 오른쪽 위의 점은 맨 나중에 쓴다.
   예) 犬, 武 ,成

10. 받침은 맨 나중에 쓴다.
    예) 近, 建

11. 가로획이 짧고 왼쪽 삐침이 길면 가로획부터 쓴다.
    예) 在, 左, 友

12. 가로획이 길고 왼쪽 삐침이 짧으면 왼쪽 삐침부터 쓴다.
    예) 布, 右, 有

價	歌	加	可	家	角	各	間	看	感
값가	노래할가	더할가	옳을가	집가	뿔각	각각각	사이간	볼간	느낄감
減	江	強	降	開	改	個	客	巨	居
덜감	강강	강할강	내릴강	열개	고칠개	낱개	손님객	클거	살거
去	車	件	建	格	犬	見	結	決	缺
갈거	수레거	짝반	세울건	바를격	개견	볼견	맺을결	정할결	모자랄결
輕	境	競	敬	界	計	季	考	苦	故
가벼울경	지경경	다툴경	공경할경	지경계	셈할계	철 계	생각고	쓸고	까닭 고
固	古	高	告	曲	工	公	功	共	空
굳을고	옛고	높을고	알릴고	굽을곡	장인공	공변될공	공로공	함께공	빌공
科	過	果	官	觀	光	校	交	敎	九
과목과	허물과	결과과	벼슬관	볼관	빛광	학교교	사귈교	가르칠교	아홉구
口	球	區	求	舊	國	軍	君	弓	貴
입구	공구	지경구	찾을구	옛구	나라국	군사군	임금군	활궁	귀할귀
歸	規	極	近	根	金	今	禁	急	級
돌아갈귀	법규	지극할극	가까울근	뿌리근	쇠금	이제금	금할금	급할급	등급급
氣	基	期	器	起	己	技	記	吉	難
기운기	바탕기	기약할기	그릇기	일어날기	몸기	재주기	기록할기	길할길	어려울난
暖	男	南	內	女	年	念	農	能	多
따뜻할난	사내남	남녘남	안내	계집녀	해년	생각념	농사농	능할능	많을다
團	短	達	答	當	大	待	對	代	宅
둥글단	짧을단	이룰달	대답할답	마땅할당	큰대	기다릴대	마주할대	대신할대	집택(댁)

德	道	刀	圖	都	度	島	到	讀	獨
덕덕	길도	칼도	그림도	도읍도	정도도	섬도	이를도	읽을독	홀로독
冬	同	動	東	童	洞	頭	得	等	登
겨울동	같을동	움직일동	동녁동	아이동	마을동	머리두	얻을득	무리등	오를등
樂	落	來	冷	量	良	兩	旅	力	歷
즐거울락	떨어질락	올래	찰랭	헤아릴량	좋을량	둘량	나그네려	힘력	지낼력
列	令	體	路	勞	老	綠	錄	論	料
벌릴렬	명령할령	몸체	길로	수고할로	늙을로	푸를록	기록할록	의논할론	헤아릴료
了	流	類	六	陸	律	理	利	裏	離
마칠료	흐를류	무리류	여섯륙	육지륙	법률	이치리	이로울리	속리	떨어질리
林	立	馬	萬	滿	末	亡	望	賣	買
수풀림	설립	말마	일만만	가득찰만	끝말	망할망	바랄망	팔매	살매
妹	每	面	名	明	命	母	毛	木	目
누이매	매양매	얼굴면	이름명	밝을명	목숨명	어미모	털모	나무목	눈목
武	務	無	問	文	門	聞	物	未	美
군사무	힘쓸무	없을무	물을문	글월문	문문	들을문	물건물	아닐미	예쁠미
味	米	民	反	半	發	方	訪	防	放
맛미	쌀미	백성민	돌이킬반	반반	필발	모방	찾을방	막을방	놓을방
房	白	百	凡	法	變	別	病	兵	步
방방	흰백	일백백	무릇범	법법	변할변	다를별	병들병	군사병	걸음보
保	報	復	福	服	本	父	付	富	部
보호할보	갚을보	돌아갈복	복복	옷복	근본본	아비부	붙일부	부자부	나눌부

夫	北	分	不	非	鼻	費	貧	氷	私
지아비부	북녘북	나눌분	아닐불	아닐비	코비	쓸비	가난할빈	얼음빙	사사사
士	社	謝	四	事	射	使	思	師	絲
선비사	모일사	사례할사	넷사	일사	쏠사	부릴사	생각사	스승사	실사
史	産	算	山	散	殺	三	上	賞	想
역사사	낳을산	셈할산	뫼산	흩어질산	죽일살	셋삼	위상	상줄상	생각상
常	相	色	生	書	序	西	席	石	夕
항상상	서로상	빛색	날생	글서	차례서	서녘서	자리석	돌석	저녁석
善	仙	先	船	線	雪	說	設	聲	性
선할선	신선선	먼저선	배선	줄선	눈설	말할설	베풀설	소리성	성품성
星	成	誠	姓	世	小	所	素	少	消
별성	이룰성	정성성	성씨성	세상세	작을소	바소	바탕소	적을소	사라질소
速	孫	送	水	輸	樹	首	手	受	秀
빠를속	손자손	보낼송	물수	보낼수	나무수	머리수	손수	받을수	빼어날수
數	收	宿	順	術	習	乘	勝	視	試
셈할수	거둘수	잘숙	순할순	재주술	익힐습	탈승	이길승	볼시	시험시
始	是	市	示	時	詩	識	食	植	式
비로소시	이것시	시장시	보일시	때시	노래시	알식	먹을식	심을식	법식
信	神	新	臣	身	實	失	室	心	深
믿을신	귀신신	새로울신	신하신	몸신	열매실	잃을실	집실	마음심	깊을심
十	兒	我	惡	安	案	顔	暗	愛	夜
열십	아이아	나아	악할악	편안할안	책상안	얼굴안	어두울암	사랑할애	밤야

野	約	藥	弱	洋	陽	羊	魚	語	漁
들야	묶을약	약약	빠질약	큰바다양	볕양	양양	물고기어	말씀어	잡을어
億	業	然	延	熱	葉	永	豫	五	午
억억	일업	그러할연	기다릴연	뜨거울열	잎사귀엽	길영	미리예	다섯오	낮오
屋	溫	完	王	往	外	要	欲	用	容
집옥	따뜻할온	완전할완	임금왕	갈왕	바깥외	중요할요	할욕	쓸용	얼굴용
牛	右	優	雨	友	運	願	員	遠	園
소우	오른우	넉넉할우	비우	벗우	돌운	원할원	인원원	멀원	둥글원
原	院	月	偉	位	危	有	由	育	肉
근원원	담원	달월	위대할위	자리위	위태할위	있을유	말미암유	기를육	고기육
恩	銀	音	飮	陰	邑	義	意	醫	衣
은혜은	은은	소리음	마실음	그늘음	고을읍	의리의	뜻의	의원의	옷의
議	二	移	耳	以	益	人	認	引	因
의논할의	둘이	옮길이	귀이	써이	더할익	사람인	인정할인	끌인	원인인
一	日	任	入	姉	者	子	自	字	作
한일	날일	맡길임	들입	윗누이자	놈자	아들자	스스로자	글자자	지을작
昨	場	將	章	長	張	材	在	再	財
어제작	마당장	장수장	글장	길장	베풀장	재목재	있을재	다시재	재물재
才	爭	低	敵	赤	積	全	展	田	電
재주재	다툴쟁	밑저	적적	붉을적	쌓을적	온전할전	펼칠전	밭전	전기전
典	傳	前	轉	戰	節	點	店	接	精
책전	전할전	앞전	돌전	싸울전	마디절	점점	가게점	접할접	자세할정

定	停	正	政	庭	情	制	第	弟	提
정할정	머무를정	바를정	다스릴정	뜰정	뜻정	지을제	차례제	아우제	끌제
題	製	際	朝	助	鳥	調	早	條	祖
제목제	지을제	사이제	아침조	도울조	새조	고를조	일찍조	가지조	조상조
造	族	足	存	尊	卒	終	宗	種	在
만들조	겨레족	발족	있을존	높을존	마칠졸	마칠종	으뜸종	씨종	있을재
主	注	週	住	晝	竹	中	重	增	止
주인주	흐를주	돌주	살주	낮주	대나무죽	가운데중	무거울중	더할증	그칠지
持	知	之	志	指	支	地	紙	直	職
가질지	알지	갈지	뜻지	손가락지	지지할 지	땅지	종이지	곧을직	맡을직
質	集	此	着	贊	創	責	妻	天	川
바탕질	모을집	이것차	붙을착	도울찬	비롯할창	맡을책	아내처	하늘천	내천
千	青	體	秒	初	草	村	最	追	秋
일천천	푸를청	몸체	작을초	처음초	풀초	마을촌	가장최	쫓을추	가을추
春	出	忠	充	就	値	治	則	親	七
봄춘	나갈출	충성충	채울충	나아갈취	값치	다스릴치	곧즉(칙)	친할친	일곱칠
打	他	太	土	通	統	痛	退	投	特
칠타	다를타	클태	흙토	통할통	거느릴통	아플통	물러날퇴	던질투	특별할특
判	板	八	敗	便	平	閉	表	品	風
판단할판	널판지판	여덟팔	패할패	편할편	평평할평	닫을폐	겉표	물건품	바람풍
豊	必	筆	河	夏	下	學	限	韓	寒
풍성할풍	반드시필	붓필	물하	여름하	아래하	배울학	한정할한	나라한	추울한

漢	合	害	海	解	行	幸	鄕	向	許
한나라한	합할합	해로울해	바다해	풀해	행할행	다행행	시골향	향할향	허락할허
險	驗	現	血	協	形	兄	呼	護	湖
험할험	증험할험	지금현	피혈	합할협	모습형	형형	부를호	보호할호	호수호
好	婚	禍	話	花	化	火	和	確	歡
좋아할호	혼인할혼	재앙화	말할화	꽃화	될화	불화	화목할화	굳을확	기뻐할환
患	活	黃	會	回	效	孝	後	訓	休
근심환	살활	누를황	모일회	돌회	본받을효	효도효	뒤후	가르칠훈	쉴휴

편 저 자 소 개

김 윤 섭

- 성균관대학교 법률학과 졸업(법학사)
- 성균관대학교 교육대학원 졸업(교육학석사)
- 성균관대학교 대학원 교육학과 졸업(교육학박사)
- 국제대학교 학생생활연구소장, 미래경영전략위원장, 평생교육원장 등 역임
- 현) 국제대학교 교수

【저서】
- 한국교육법
- 리더십개발
- 교육법원리
- 교육행정학의 기초이론
- 지식사회의 정신적 인프라
- 자아실현을 위한 교육학강의
- 교육학개론(공저)
- 실기교육방법론(공저)
- 교육의 기초와 인간상(공저)

【학회 및 기타 활동】
- 한국법과인권교육학회 이사
- 대한교육법학회 이사
- 가족복지상담학회 이사

장 재 천

- 성균관대학교 교육학과 졸업(문학사)
- 성균관대학교 대학원 교육학과 졸업(교육학 석사)
- 성균관대학교 대학원 교육학과 졸업(교육학 박사)
- 성균관 한림원 학정계제 및 한림계제 졸업
- 현) 용인대학교 교육대학원 교육사회학 주임교수
  (교수학습지원센터장 역임)

【저서】
- 교직실무론
- 문묘일원과 석전대제(공저)
- 연행록연구총서(공저)
- 한국인의 효사상(공저)
- 한국의 효사상과 정신문화 1, 2, 3(공저)
- 교육사회학의 이론과 실천
- 교육의 기초와 인간상(공저)
- 조선조 성균관 교육과 유생문화
- 조선 성균관 교육문화(2013 학술원 우수학술도서)

【학회 및 기타 활동】
- 한국교육학회 우수회원
- 한국교육사학회 이사(감사 역임)
- 한국사상문화학회 연구이사, 윤리위원
- 한국청소년문화학회 편집이사
- 동방사상문화학회 편집이사
- 한국역경문화학회 편집이사
- 국제교류문화진흥원 이사
- 성균관대학교 총동창회 이사
- 대전광역시 효문화진흥원 자문위원

대학생의 명심보감

-평생학습시대의 성인친화형 인성교육-

2014년 4월 21일 인쇄
2014년 4월 25일 발행

편저자 김 윤 섭 · 장 재 천
발행자 박 준 식

발행처 도서출판 원미사
서울 성북구 화랑로21길 58(1층)
전화 : 02) 919-9630, 942-1276
등록 : 1994년 1월 18일(제6-192호)
E-mail : wonmisa9630@daum.net

정가 15,000원

ISBN : 978-89-5544-195-6